Das Puppenbuch

KARIN NEUSCHÜTZ

Das Puppenbuch

Wie man Puppen selber macht und was sie für Kinder bedeuten

VERLAG FREIES GEISTESLEBEN

CIP-Kurztitelaufnahme der Deutschen Bibliothek

Neuschütz, Karin:
Das Puppenbuch: Wie man Puppen selber macht u.
was sie für Kinder bedeuten / Karin Neuschütz.
[Übers.: Claudia Barenthin. Photos: Lars Larson;
Rüdiger Neuschütz]. – 2. Aufl. – Stuttgart:
Verlag Freies Geistesleben, 1983.
Einheitssacht.: Lek med mjuka dockor ‹dt.›
ISBN 3-7725-0744-1

Die schwedische Originalausgabe erschien unter dem Titel
«Lek med mjuka dockor» bei Bokförlaget Robert Larson AB, Täby

Übersetzung: Claudia Barenthin
Photos: Lars Larson, Rüdiger Neuschütz
Zeichnungen: Karin Neuschütz
Einband: Walter Kraft

2. Auflage 1983
Herstellung: Greiserdruck Rastatt

Inhalt

Erster Teil: Entwicklung und Spielbedürfnis des Kindes 7

Einleitung 9
Das Kind wächst ‹spielend› ins Leben hinein 11

Stoffpuppen 14
Die Puppe – ein Bild des Menschen 17

Das Kleinkind 22
Die Umgebung ist für das Kind ein Teil seines Inneren 22 / Menschlicher Kontakt ist wichtiger als alles andere 23 / Spielsachen 26

Die Gebärde (Alter von 1 bis 2 Jahren) 28
Das Kind ahmt uns nach 28 / Anna zeichnet 31 / Die Farbe, mit der das Spielzeug bemalt ist 32 / Das Material, aus dem das Spielzeug gemacht ist 33 / Die vier Elemente 36 / Spielsachen (für 1- bis 2jährige) 38

Die Sprache (Alter von 3 bis 4 Jahren) 39
Kinderreime 39 / Die Puppe, das zweite Ich des Kindes 40 / Lebensnahes Spielzeug 42 / Andreas zeichnet 44 / Verwandlung, Veränderung 46 / Wiederholung 47 / Der Tierpark und die Ameise 48 / Spielsachen (für 3- bis 4jährige) 49

Der Gedanke (Alter von 5 bis 6 Jahren) 51
Das Vorstellungsvermögen 51 / Pia zeichnet 53 / Spiel mit mir, Mutti! 54 / Die Puppe als Spielkamerad 56 / Sinneseindrücke 59 / Spielsachen (für 5- bis 6jährige) 60

Das Schulkind 62
Die Phantasie entfaltet sich 62 / Peter zeichnet 64 / Spiel mit Puppen im Schulalter 65 / Sinnvolle Beschäftigungen 66 / Kriegsspielzeug 69 / Der Jahresrhythmus 70 / Spielsachen (für Kinder im Schulalter) 72

Alles ist fix und fertig – nun spiel' mal schön! 74
Häuschen bauen 74 / Imitation der Wirklichkeit 75 / Der Künstler 76 / Der kleine Sammler 76 / Meinen Kinder alles wörtlich? 77 / Das Kind als Konsument 78 / Pädagogisches Spielzeug 79

Das Kind, das nicht spielen kann 82
Konrad 82 / Phantasie besitzen oder von Phantomen besessen sein 86 / Das Märchen – unsere innere Wirklichkeit 88

Zweiter Teil: Wie man Stoffpuppen macht 93

Über die Wolle 95

Puppen, aus einem Tuch geknotet 97
I. Puppe mit geknotetem Kopf 97 / II. Puppe mit Kugelkopf 98 / III. Marionette, aus einem Tuch geknotet 100 / IV. Puppe für die Puppenstube 101

Puppe im Sackkleid 105

Puppe im festsitzenden Anzug 110
Modell mit gekräuselter Taille 110 / Modell mit glatter Taille 111

Puppe, aus Wollgarn gewickelt 116

Anziehpuppe 119
Der Kopf 121 / Abbinden der Kopfkugel 124 / Überziehen der Kopfkugel mit Trikothaut 126 / Rumpf, Arme und Beine 128 / Übertragen des Musters auf den Stoff 131 / Ausstopfen von Rumpf und Armen 132 / Zusammennähen der Puppe und Kontrolle ihrer Proportionen 134 / Abnähen der Beine, Hochbiegen der Füße etc. 137 / Das Gesicht 138 / Das Haar 140 / Frisuren 140

Tips, wie man die Puppe sonst noch machen kann 148
Der Hals 148 / Das Inlett für den Kopf 149 / Die Beine 151 / Puppe mit beweglichen Armen und Beinen 152

Kleider 154
Ein paar Vorschläge zu einfachen Puppenkleidern 154

Waschanleitung für Puppen 160
Bei normaler Beschmutzung 160 / Bei starker Beschmutzung 160 / Das Kind badet seine Puppe 161

Reparaturen und Änderungen 162
Zehn der gewöhnlichsten Fehler beim Puppenmachen 162

Wenn die geliebte Puppe vollkommen zerschlissen ist 167

Dritter Teil: Elternkurs 171

Elternkurs 171
Beispiel für die Arbeitseinteilung in einem Elternkurs (zehn Zusammenkünfte) 171

Literatur 181

Erster Teil: Entwicklung und Spielbedürfnis des Kindes

Einleitung

An einem Sommertag ging einfach alles schief. Die Kinder konnten nicht spielen, sie stritten sich nur um ihre Spielsachen. Da gingen wir hinaus und pflückten Himbeeren. Wir ließen alles liegen, nahmen nur einen Eimer und verließen das Haus.

Als wir bei den Himbeersträuchern ankamen, waren die Kinder schon wieder guter Laune, aßen sich an den Beeren satt und begannen zu spielen. Der Älteste fand einen vertrockneten alten Ast am Wegrand. «Oh, guck mal, hier ist eine Fabrik! Und was die für lange Leitungen und Rohre hat – was fließt wohl da drin?» – «Himbeersaft natürlich!» rief die Kleine.

Dann nahmen sie Steine als Lastautos und fuhren damit ein paar Himbeeren zu dem Ast. Sie wurden zerquetscht und in die hohlen Zweige befördert. Kleine Stöckchen waren Arbeiter, die hin- und hereilten.

Die Kinder lachten und zeigten mir die wunderbare Fabrik, stolz, als ob sie eine revolutionäre Erfindung gemacht hätten. Ja, war es denn nicht wirklich so? Sie hatten ja tatsächlich mit äußerst begrenzten Mitteln eine ganze Himbeersaftfabrik auf die Beine gestellt. Sie hatten sich die denkbar einfachsten kleinen Menschenmodelle gemacht – wie es Kinder wohl von jeher getan haben. Ein Holzstückchen oder ein Stein bekommt Leben und tippelt herum – die allereinfachste Puppe.

Kinder haben oft eine so starke Phantasie und ein solches Bedürfnis zu spielen, daß sie allerlei ‹Krempel› ihren ‹schönen› Spielsachen vorziehen. Sie spielen Mutter und Kind mit einem Kissen, das in ein Kopftuch eingewickelt ist, sie binden eine Schnur um eine zusammengeknüllte Zeitung und ziehen sie hinter sich her wie einen Hund. Da stehen nun die ehrgeizigen Eltern, die sich so bemüht haben, ihren Kindern ‹richtige›, gute Spielsachen zu geben und fühlen sich betrogen!

Einmal adoptierten meine Kinder ein Holzscheit, tauften es Laban und legten es liebevoll in den Puppenwagen. Die Stoffpuppe, die ich ihnen genäht hatte, wurde aus dem Wagen auf den Boden geworfen, wo sie liegenblieb! Jetzt brauchte Laban ihre zärtliche Fürsorge nötiger.

Die Kinder spielen nicht, damit ich gute Laune bekomme. Sie spielen nicht mit den Sachen, die ich ihnen geschenkt oder gebastelt habe, weil es unhöflich wäre, sie nicht zu benutzen. Nein, sie spielen ganz einfach, weil sie spielen müssen. Durch das Spielen wachsen sie und werden groß. Die Spiele bereiten die Kinder auf das Erwachsensein vor, sie probieren, was es bedeutet, selbst eine Arbeit zu verrichten, selbst Mutter oder Vater zu werden, zu reisen, einzukaufen.

Deshalb kann ich es nicht übelnehmen, wenn sie meine Puppe auf dem Boden vergessen und das Holzscheit Laban ihr Jäckchen anhat. Ich freue mich stattdessen. Sie haben also eine so lebhafte Phantasie, daß sie sich auch meinem Einfluß entziehen kann!

Zurück zu Laban: Nach einiger Zeit wird er plötzlich ins Feuer geworfen und verheizt! In dem Augenblick war er ein gewöhnliches Stück Holz. Als das Kind sah, daß ich mehrere Scheite nachlegte, warf es auch Laban in die Flammen. «Oh, Laban verbrennt!» stellte es ruhig fest. «Aber er kommt bestimmt bald wieder», tröstete es sich. «Ja, sicher», sagte ich und dachte an die vielen Holzscheite und Kissen, die noch Puppen werden können. Aber das Kind holte sich die weiche Stoffpuppe, die es jetzt offensichtlich wieder nötig hatte.

Warum wählen Kinder oft so eigenartige Gegenstände für ihre Spiele? Warum nehmen sie nicht immer die schönen, fertigen Spielsachen, die wir ihnen geben?

Vielleicht liegt es daran, daß Kinder gern ihre eigene sprudelnde Phantasie anwenden wollen. Sie wollen selber schöpfen, nicht nur konsumieren. Wenn sie alles nur mögliche Material zur Verfügung haben – Papier, Wachsstifte, leere Kartons, Stoff, Decken, Holzklötze, Lederreste, Kissen – und wenn man ihnen erlaubt, mit ein paar Möbelstücken zu bauen, dann können sie überall eine Himbeersaftfabrik errichten.

Wenn sie Spielsachen und Puppen bekommen, bei denen die charakteristischen Züge nur angedeutet sind, haben sie die Möglichkeit, ihre Phantasie frei spielen zu lassen. Wie die Phantasie in der Kindheit angeregt und entwickelt wird, kann von großer Bedeutung dafür sein, wie man als Erwachsener an Aufgaben herangeht und mit welchem Einfühlungsvermögen man seinen Mitmenschen begegnet.

Das Kind wächst ‹spielend› ins Leben hinein

Sobald das gesunde Kind etwas gelernt hat, beginnt es das Gelernte im Spiel zu üben und zu erproben. Es stellt sich, seiner Entwicklungsstufe entsprechend, immer schwerere Aufgaben. Das Kind, das gerade laufen lernt, macht kleine Tanzschritte, das Kind, das sprechen kann, singt und plappert selbsterfundene Wörter ohne Sinn. Hat es gelernt, sich anzuziehen, verkleidet es sich gern oder zieht die Kleider zum Spaß verkehrt an. Der Dreijährige, der gerade begriffen hat, daß er ein ‹Ich› ist, spielt, daß er jemand anderes sei, eine piepsende Maus oder ein Baby. Er erprobt die Grenzen des eigenen Ich durch Rollentausch.

Sobald das Kind sich ein bißchen mit der Hausarbeit auskennt und weiß, wozu Teppiche und Möbel da sind, verändert es die Wirklichkeit und macht den Alltag zum Abenteuer: der Teppich ist eine Insel, der Fußboden ein Meer, der Sessel ein Boot im Schlepptau. Das Rollo wird heruntergezogen und es ist Nacht! Das Rollo saust nach oben und schon ist es Morgen.

Durch regelmäßige Wiederholung bestimmter Tätigkeiten wird das Kind immer gewandter. Das Kind lernt ‹spielend› fürs Leben. Und es richtet dabei immer die Augen auf die Erwachsenen, denn eines Tages wird es selbst groß und erwachsen sein.

Im Alter von fünf bis sechs Jahren ist es so bewußt geworden, daß es einen größeren Zusammenhang überblicken kann. Es interessiert sich für den Sinn unseres Tuns und erlangt ein neues Zielbewußtsein für sein eigenes Vorhaben. Alles, was auf das Kind zukommt, wird im Spiel verarbeitet. Ganze Welten werden gestaltet. Das Kind spielt Schule, Krankenhaus, Familie, Theater. Es führt sich vor Augen, was die Erwachsenen tun, worauf das Leben ‹hinausgeht›.

Beim Siebenjährigen werden viele Kräfte frei, die vorher zum Aufbau des Körpers notwendig waren. Diese freigewordenen schöpferisch bildenden Kräfte kommen nun der Phantasie zugute. Das Gedächtnis entwickelt sich, das Kind kann innerlich sehen, d. h. vorstellen und vorausdenken. Das Zeitbewußtsein ist bei Schulbeginn schon ausgeprägt. Im selben Alter beginnt man sich auch für die Spiele zu interessieren, bei denen man sich an Regeln halten muß und durch die das Kind übt, sich in eine Gemeinschaft einzuordnen.

Im Alter von neun bis zehn Jahren haben wir eine Periode, in der sich das Kind über unsere große Welt Ausblick verschafft und gerne duchschauen möchte, wie sie geordnet ist. Da werden eigenartige Maschinen konstruiert, Häuser im Querschnitt gezeichnet, Fabriken, Kommunikationssysteme. Das Kind entwickelt eigene Interessen, wird Fachmann, sammelt Fakten. Jetzt kommt es sich groß vor, kritisiert die Erwachsenen, karikiert sie und spielt ihnen Streiche.

Aus der frühkindlichen Phantasie erwachsen schließlich die Gaben des Verstandes, die Schärfe des Denkens, Vorstellungskraft und Einfühlungsvermögen des jungen Menschen zwischen zwölf und zwanzig.

So kann man sehen, wie sich das Kind durch die verschiedenen Epochen der Kindheit hindurchspielt.

Aber es gibt ja auch Kinder, die nicht spielen können oder wollen, – solche, die nur toben und hin- und herrasen, ohne innere Befriedigung dabei zu finden. Wie können wir diesen Kindern helfen?

Ich glaube, daß wir immer bei uns selbst anfangen müssen, wenn wir nach den Ursachen der Disharmonie des Kindes suchen. Unsere eigene Verhaltensweise ist die Quelle, aus der die Kinder Inspiration und Lebensfreude schöpfen. Sie sind in all ihrem Tun um uns herum, sie wollen uns in jeder Weise gleich sein. Deshalb müssen wir, um sie leiten zu können, damit anfangen, uns selber zu erziehen. Wenn die Menschen, die dem Kinde nahestehen, froh und aktiv tätig sind, wird das Kind es auch.

Sich die Zeit zu nehmen, dem Kind selbst in Ruhe eine Puppe zu machen, kann eine passende Art sein, ihm nahezukommen. Beim Nähen denke ich an das Kind, für das die Puppe ist. Ich nähe sozusagen meine liebevollen Gedanken mit in die Puppe hinein, und das merkt das Kind ganz gewiß.

In diesem Buch beschreibe ich eigene Erfahrungen darüber, wie Kinder verschiedenen Alters spielen, wie sie von ihrer Umgebung und von den Menschen um sich herum beeinflußt werden. Meine Einstellung hat sich bei der Arbeit mit meinen eigenen und anderen Kindern langsam herausgebildet. Ich habe viel aus eigenen Kindheitserinnerungen gelernt, aber auch durch die Beschäftigung mit Kinderpsychologie und Pädagogik, besonders mit den Beiträgen Rudolf Steiners zu diesen Fragen. Ich habe vieles von dem verwertet, was heute in Waldorfkindergärten praktiziert wird, und ich habe versucht, diese verschiedenen Erfahrungen und Aspekte so gut wie möglich zu einem Gesamtbild zu verschmelzen.

Herzlichen Dank sagen will ich Gisela Richert, die mich in die Kunst des Puppenmachens eingeweiht hat.

Schließlich will ich darauf aufmerksam machen, daß die Puppen, die im zweiten, praktischen Teil des Buches beschrieben sind, ganz einfache Wollgarn- und Stoffpuppen sind, wie sie überall in der Welt hergestellt werden. Die Waldorfpädagogik kann also nicht auf ihre Erfindung Anspruch erheben. Aber sie werden gerade in Waldorfkindergärten gerne und viel verwendet, und ich hoffe, daß sie bald auch in vielen Familien zu finden sein werden!

Stoffpuppen

Das Bild zeigt eine aus einem Stück Stoff geknotete Puppe. Eine solche Puppe ist deshalb so hervorragend, weil sie so einfach ist, daß man sie vielfach variieren kann.

Man kann sie aus Stoff, Papier, Leder oder Stroh herstellen. Man kann sie groß oder klein machen. Sie kann Arme und Beine, Haare und Kleider bekommen, je nachdem, wie es das Kind wünscht.

Eine erste Puppe fürs Kind knotet man einfach aus einem viereckigen Stück Stoff mit etwas Wolle für den Kopf. Mit Hilfe eines Taschentuchs kann man verschiedene Puppen improvisieren und damit das Kind bei Autofahrten, im Wartezimmer usw. unterhalten.

Es ist fast unmöglich, die Geschichte der Stoffpuppe aufzuzeichnen. Bei archäologischen Ausgrabungen pflegt man alle möglichen Funde zu machen – aber wie soll man beurteilen können, ob das Stoffläppchen oder das Stückchen Holz eine geliebte Puppe war oder nur ein Stoff- oder Holzstück?

Puppen hat man zu allen Zeiten gemacht. Noch bevor der Mensch in nennenswertem Umfang über Werkzeuge verfügte, nahmen die Kinder wahrscheinlich schon einen Stein oder Stock, der menschliche Formen hatte, um damit zu spielen. Die schlichten und einfachen Puppen waren die am meisten geliebten. Mit ihnen wurde gespielt, so lange, bis nichts mehr übrig war, weshalb nur wenige davon der Nachwelt erhalten blieben. Daher ist die Geschichte der Puppen in so hohem Maße eine Chronik über die eleganten Paradepuppen und umspannt nicht mehr als die letzten paar hundert Jahre.

Im 16., 17. und 18. Jahrhundert machte man die Puppen oft aus Holz, Wachs oder Pappmaché. Vielfach war das Gesicht mit einer Wachsschicht überzogen, um der Puppe einen wehmütigen Ausdruck und schimmernden Teint zu verleihen. (Wehe dem Kind, das mit ihr zu nahe an den heißen Ofen kam!)

Die feinen, vornehmen Puppen hatten im 18. Jahrhundert ihre eigentliche Glanzperiode, besonders in Frankreich, wo die großen Modehäuser Puppen mit den extravagantesten Garderoben als Schaustücke hatten. Im vorigen Jahrhundert wurden die Puppen aus Porzellan hergestellt (aus unglasiertem sogenanntem Biskuitporzellan) oder aus einer Masse, die aus Gips, Kleie, Sägespänen und Leim bestand. Der Körper war oft aus Stoff oder weichem Leder genäht und hatte die schlanken, feingliedrigen Proportionen von Erwachsenen.

Puppen, die sprechen und gehen können, sind keine Erfindung jüngeren Datums; es gab schon 1827 Puppen, die ‹Mama› sagen konnten. Später gab es sogar solche, die ‹atmen› konnten. Noch später erfand man das ‹unzerbrechliche› Zelluloid und den ersten Kunststoff und veränderte damit grundlegend die Voraussetzungen für die Herstellung von Puppen: Sobald man sie in Massenproduktion herstellen konnte, wurden sie so billig, daß sie sich jeder leisten konnte. Früher hatte man in einfachen Familien nur einen Porzellankopf gekauft, zu dem man den Körper selbst nähte.

Auch in Familien, in denen es feine, gekaufte Puppen gab, spielten

die Kinder meistens mit selbstgemachten Stoffpuppen. Die elegante Puppe saß unerreichbar und in einsamer Majestät auf einem erhöhten Platz in der guten Stube. Sie wurde von den Gästen bewundert und nur bei besonderen Gelegenheiten hervorgeholt.

Die billigen Plastik- und Gummipuppen ersetzten sowohl die gekauften Paradepuppen als auch die selbstgemachten Stoffpuppen. Nun brauchten die Erwachsenen den Kindern keine Puppen mehr zu machen – genauso wie sie jetzt bald keine Kinderlieder mehr zu singen brauchen, denn die gibt es ja auf Schallplatten! Oder Märchen erzählen, wo wir doch im Radio und Fernsehen Märchenstunde haben!

Aber vielleicht ist der Brauch, zu Hause Puppen zu nähen, nur vorübergehend in Vergessenheit geraten. Möglicherweise kommt er wieder zu Ehren, da neuerdings so viele Erwachsene wieder das Bedürfnis verspüren, sich schöpferisch zu betätigen. Anziehpuppen, wie die auf Seite 119 beschriebene, fertigte man um die Jahrhundertwende unter anderem in der Schweiz und in Deutschland in ländlichen Gegenden. Sie entsprachen den Vorstellungen von zweckmäßigen Spielsachen, welche man im Kreise um die ersten Waldorfschulen hegte. Man begann, solche Stoffpuppen für die Kindergärten und den Hausgebrauch zu machen, und lehrte es auch die Kinder im Handarbeitsunterricht.

Typisch für diese Puppen ist die Art und Weise, wie man den Kopf abbindet. Den Körper kann man variieren, er ist von den einzelnen Puppenmachern verschieden gemacht worden.

Die Puppe – ein Bild des Menschen

Es gibt überall Puppensammler, die ihr Heim und ganze Museen mit Puppen jeglicher Art füllen. Da sitzen die Puppen dann reihenweise und blicken traurig zu ihren Betrachtern hinab. Nicht einmal ganz heimlich können Kinder kommen und sie von ihrem Platz nehmen, um ihnen ein Weilchen Leben zu verleihen! Es sei denn, der Sammler oder Museumsdirektor täte es selber – nachdem die Besucher gegangen sind und er sich ganz unbeobachtet fühlt. Puppensammler sind oft Menschen, die als Kinder selbst nicht mit Puppen gespielt haben. Sie können ihren unbefriedigten Spieltrieb hinter der legitimen Maske des Sammlers verbergen. Aber wieviele Puppen gibt es, mit denen nie jemand gespielt hat!

Die Puppe nimmt unter den Spielsachen eine besondere Stellung ein, denn sie ist ja ein Bild des Menschen. Mit Hilfe der Puppe suchen wir unser eigenes Ich. Dieser Herzensfreundin können wir unsere heimlichsten Gedanken, Freud und Leid anvertrauen. Mit der Puppe können wir der rauhen Wirklichkeit entfliehen oder uns auf die Ankunft eines Geschwisterchens vorbereiten. Mit der Puppe können wir viel Lustiges wie auch Wunderbares erleben. Im Deutschen hat das Wort Puppe zwei Bedeutungen. Es liegt eine feine Symbolik darin, daß aus jeder Puppe ein «Schmetterling» entschlüpfen kann – wenn wir sie nur beseelen und ihr Leben schenken.

Es gibt Kinder, die in jeder Puppe den «Schmetterling» sehen. Sie haben eine regelrechte Vorliebe für alle kleinen Tierlein und Püppchen, und sie sind ihnen so ans Herz gewachsen, daß sie kein einziges davon missen wollen. Andere Kinder entscheiden sich für eine einzige Puppe, die dann die ganze Kindheit hindurch ihr liebster Spielkamerad ist.

Es ist wichtig, daß die Eltern die Puppen mit demselben Respekt behandeln wie richtige Menschen. Deshalb ist es so falsch, Kindern Puppen zum «Abreagieren» zu geben, auf die sie einschlagen können, wenn sie böse sind. Da die Puppe ein Bild des Menschen ist, muß man sie ja genauso hegen und pflegen wie ein Kind, sonst könnten die Kinder leicht auf den Gedanken kommen, daß man Menschen auch schlagen darf.

Im Schwedischen bedeutet das Wort für Puppe – docka – auch Wollstrang. Und die einfachen Puppen, die wir im zweiten, praktischen Teil dieses Buches fertigen wollen, werden genau wie Wollstränge gewickelt. Daß die Puppe weich und einfach ist und nur Punkte als Augen und Mund hat, gibt dem Kind die Freiheit, das Unbestimmte in der Vorstellung selbst zu konkretisieren.

Das stereotype Lächeln einer Plastikpuppe drängt sich dem Kind auf und versetzt es in eine gekünstelte Stimmung. Die Stoffpuppe dagegen ändert ihr Minenspiel je nach der Gemütsstimmung des

Erik ist 45 cm groß und hat mit Rainfarn gefärbtes Haar. Seine Puppenmutter sagte eines Tages zu mir: «Weißt du, Puppenbabys sind nämlich so winzigklein, weil ihre Mamis auch so klein sind!» Sie war mit den Größenverhältnissen sichtlich zufrieden. ▶

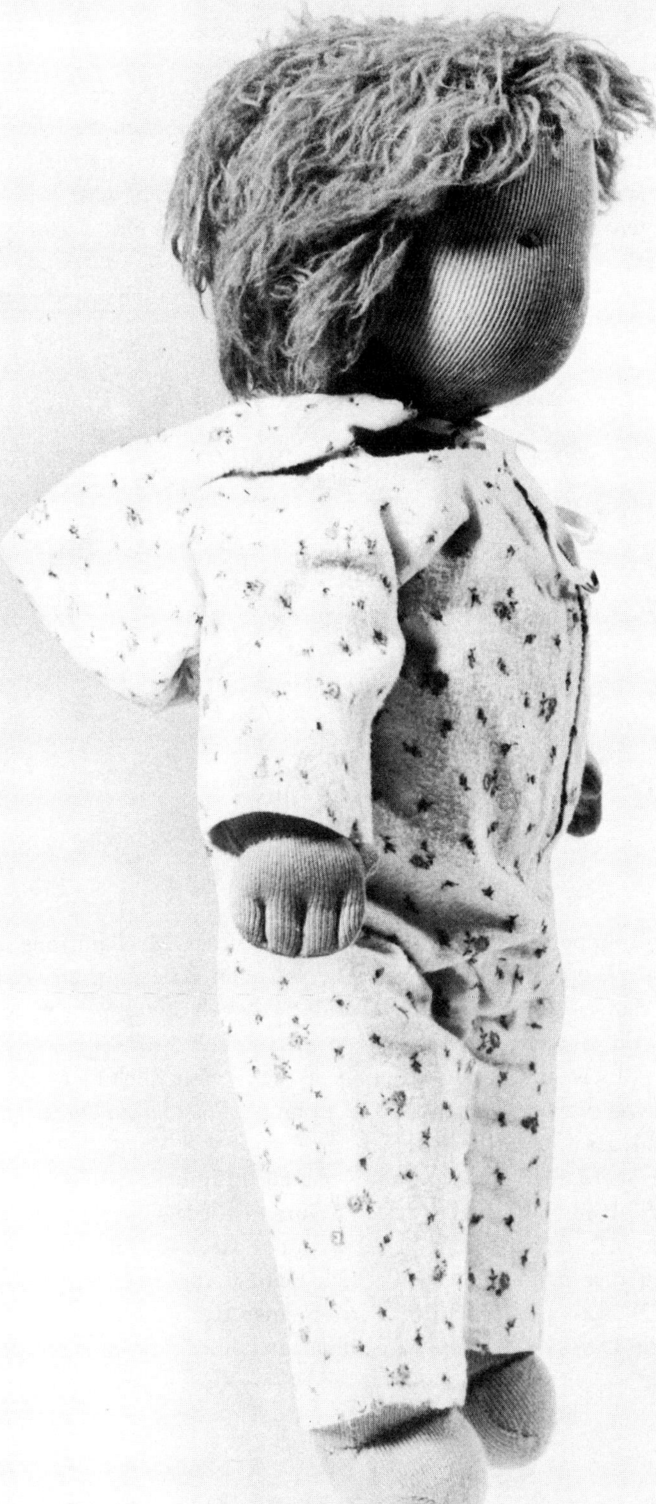

Kindes. Wenn das Kind es will, kann aus der Puppe auch ein Puppenjunge werden. Hier gibt es nicht die gleichen Schwierigkeiten physischer Art wie bei entsprechender Veränderung einer naturgetreuen Plastikpuppe. Die Stoffpuppe spielt sich ein und wird von den Spielen geformt. Falls das Kind bei seiner Puppe die Nase vermissen sollte, setzen wir noch einen kleinen Punkt dazu. Fragt es, warum die Puppe keine Finger hat, können wir sie mit ein paar Stichen andeuten.

Die Stoffpuppe hat auch keinen interessanten Mechanismus im Bauch, der sie plötzlich bei ganz unerwarteten Gelegenheiten sagen läßt: «Mama, gib mir den Schnuller!» Solch eine mechanische Stimme, die eintönig gewisse Sätze hersagt, weckt die Neugierde des Kindes: Was redet nur da drinnen im Bauch? Schließlich kann es der Versuchung nicht widerstehen, die Puppe auseinanderzunehmen und den Inhalt zu untersuchen.

Ich erinnere mich genau daran, welch eigentümliche, leicht aggressive Gefühle mich beim Anblick des Gummistöpsels überkamen, der mitten im Oberschenkel meiner Babypuppe steckte. Daß der Pfropfen dazu diente, bei Bedarf das sich beim Baden der Puppe sammelnde Wasser abzulassen, milderte meinen Zorn nicht – für mich war er ein Defekt, der meinen Liebling entstellte. Ich konnte das dem

Fabrikanten nie verzeihen. Es war mir auch gar nicht recht, daß man ihr einen Text in den Rücken eingestanzt hatte – bis zum heutigen Tage kann ich spüren, wie es auf meinem eigenen Rücken an eben der Stelle juckt.

Das jeweilige Lieblingsspielzeug hinterläßt starke Eindrücke in einem Kind. Deshalb sollten wir versuchen, diesem Spielzeug ein gesundes und positives Aussehen zu verleihen.

Das Kleinkind

Die Umgebung ist für das Kind ein Teil seines Inneren

Dem kleinen, neugeborenen Kind erscheint die Welt wie ein Traum. Voller Vertrauen ruht es bei uns und ist ganz und gar auf unsere Hilfe angewiesen. Was wir ihm an Fürsorge und Wärme schenken, nimmt es entgegen.

Erst, wenn es ihm angenehm warm und wohl ist, tastet sich sein Blick sachte nach außen und es scheint, als fragte es sich: «Wohin bin ich wohl gekommen?» Es liegt still und atmet die Atmosphäre des Zimmers in sich ein. Farben, Licht, Klänge, Bewegungen und Düfte sind zusammen mit den Speisen die Nahrung des Kindes. Der Säugling nimmt alles in sich auf; für ihn sind Außen- und Innenwelt noch nicht unterschieden, er kann sich gegenüber den heranflutenden Eindrücken nicht abschließen, kann unter ihnen keine Auswahl treffen. Das Wesen der Menschen, die um das kleine Kind herum sind, ihre Gedanken und Gefühle, dringen in es ein und formen es. Laute Geräusche oder plötzliche Kälte erschrecken es und veranlassen ein Zusammenziehen der Körpergefäße. Da muß das Kind all seine Energie dazu benutzen, seine Wärmebalance wiederherzustellen und kann sich also nicht für andere Dinge interessieren, bevor das Wohlbefinden sich wieder eingestellt hat. Alle heftigen Eindrücke hemmen das Baby bei seinen ersten tastenden Versuchen, die Welt zu erforschen.

Wennn wir ihm helfen wollen, sich wohlzufühlen, sollten wir es also vor allzu starken Eindrücken schützen. Wir umhüllen die Wiege mit Stoff in einer zarten Farbe und achten darauf, daß die Atmosphäre im Schlafzimmer stets ruhig ist. Daß jeder Tag eine Wiederholung der gleichen Geschehnisse in derselben Reihenfolge bringt, hilft dem Kind, sein Bild der Welt langsam zu ergänzen. Es beginnt sich zurechtzufinden. Während der ersten Monate sind die tägliche Pflege, die Begegnung mit der Person oder den Personen, die das Kind versorgen, die Eindrücke der verschiedenen Zimmer, in denen es sich aufhält, und die Spaziergänge draußen dafür mehr als ausreichend.

Um sich in die Lebenswelt eines Kleinkindes einfühlen zu lernen,

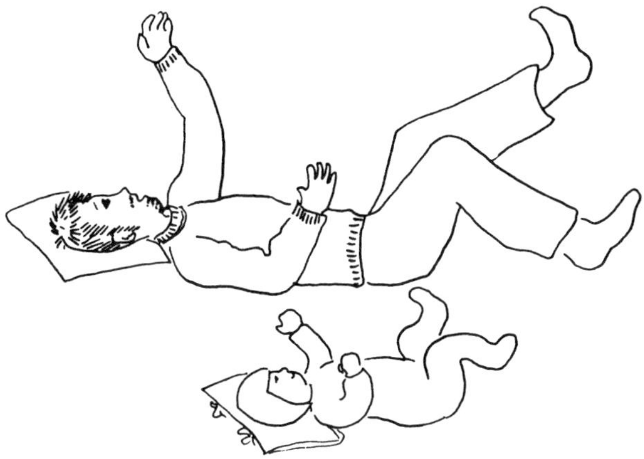

legen Sie sich einmal selbst auf den Rücken und stellen Sie sich vor, Sie könnten sich nicht auf den Bauch rollen. Fuchteln Sie ein bißchen mit Armen und Beinen, und drehen Sie den Kopf von einer Seite zur anderen. Sie wissen nicht, was die Dinge um Sie herum sind. Versuchen Sie, Möbel, Gardinen und Lampen nur als Farbflecke ohne Formen und Tiefe zu sehen.

In welch eigenartigem Raum sind Sie da gelandet! Manchmal leuchtet der Fleck an der Decke, manchmal ist er dunkel. Aber Sie denken nicht mit dem scharfen Verstand des Erwachsenen, Sie liegen nur da und die Eindrücke strömen über Sie hinweg.

Menschlicher Kontakt ist wichtiger als alles andere

Wenn wir bei unserer Arbeit das Kind nicht mit uns herumtragen können oder wollen, wie es in anderen Kulturen üblich ist, können wir es jedenfalls in ein Bettchen legen, das nur tagsüber benutzt wird. Für das Baby, das schon längere Zeit wachliegt und unseren Bewegungen mit den Blicken folgen will, ist ein Korb auf Rädern geeignet.

Es ist wichtig, daß nicht der nächtliche Schlafplatz als sicheres ‹Abstellgleis› tagsüber verwendet wird. Da assoziiert das Kind das Bett bald mit Alleinsein und Enttäuschungen. Man kann zunächst den Kinderwagen als fahrbare ‹Wiege› für das wache Baby benutzen.

Wenn es müde wird, kommt es in sein Bettchen. Da hat es schon zwei verschiedene Umgebungen zu erforschen. Dem Kind z. B. eine rote Plastikstange* mit komischen Spielsachen dran vor die Nase zu hängen, wenn angenommen wird, daß es sich langweilt, ist ein Unding.

Stellen Sie sich vor, wie das wäre: Sie liegen im Bett. Sie können nur den Kopf und die Arme bewegen. Sie können nicht sprechen. Sie sehnen sich unbeschreiblich danach, bei jemand Weichem, Warmem, Wohlbekanntem zu sein. Sie rufen. Oh, wunderbar, da kommt jemand. Sie ist es! Aber was nun – sie geht wieder. Und über Ihrem Bett, mitten im Blickfeld, hat sie eine riesige, knallrote, armdicke Plastikstange aufgehängt. Daran hängt ein Spiegel. Sie berühren den Spiegel, der schaukelt hin und her und zeigt Ihnen dabei manchmal ein trauriges Gesicht. Das macht Sie noch trauriger. Sie wollen bei einem menschlichen Wesen sein und sollen sich mit einer roten Plastikstange trösten. Sie sind traurig und sollen beim Anblick eines traurigen Gesichts froh werden. Sie sind enttäuscht. Stellen Sie sich vor, Sie hätten statt dessen in einem Rollenbettchen im Zimmer mit anderen Menschen liegen dürfen und zusehen können, was sie tun!

Solches sogenanntes pädagogisches Spielzeug für Kleinstkinder ist völlig unnötig und, meiner Ansicht nach, sogar schädlich.

Ein kleines Kind mit seinem eigenen Spiegelbild spielen zu sehen, erinnert mich unwillkürlich an einen Kanarienvogel, der seiner ‹Auserwählten› im Spiegel tschilpend den Hof macht. Aber neuerdings werden in den Kindergärten große Wandspiegel aufgehängt. Das soll die ‹Selbstidentifikation› des Kleinkindes fördern.

Angenommen, das Kind glaubt tatsächlich, sich selber im Spiegel zu erblicken, es entsteht nur Verwirrung: aber ich bin doch hier – ich kann doch wohl nicht auch dort sein? Wenn es sich an den Spiegel gewöhnt hat, fängt es an, Grimassen zu schneiden und zu kokettieren. Wollen wir wirklich, daß schon die kleinen Kinder geziert und

* Diese rote Plastikstange wird an den Kinderwagen oder über das Gitterbettchen gehängt. Zubehör wie z. B. eine Spieldose, Ringe zum Anfassen und allerlei Spielzeug, das beweglich ist, rasselt und klingelt, soll separat gekauft und daran befestigt werden. Die Reklame auf der Verpackung verspricht dem Erzieher, daß die rote Plastikstange mit Zubehör für die Stimulanz sorgt, die zur Entwicklung des Kindes notwendig ist. Anm. d. Üb.

sich ihrer Wirkung bewußt werden? Sie betrachten sich mit den Augen von anderen, verstellen die Stimme und verlieren ihre Ursprünglichkeit und Spontaneität. Um das eigene Ich zu finden, braucht man keinen Spiegel, sondern die Begegnung mit Menschen.

Die Meinung, daß Babys besonderes ausgeklügeltes Spielzeug für ihre Entwicklung brauchen, scheint übertrieben. Sie müssen doch vor allen Dingen mit ihren Fingern und Zehen spielen, versuchen, sich umzudrehen, das Bettuch und die Decke befühlen, am Schlafanzugärmel ziehen, sich darüber wundern, daß der Schlafanzug manchmal wieder ganz anders aussieht. Wenn Mutter oder Vater das Kind aufnehmen, ist das Leben eine Wonne. Da gibt es wuschelige Haare, an denen man ziehen, eine große Nase, in die man die Finger stecken kann, eine lustige runde Öffnung, voll harter weißer Gegenstände, eine Öffnung, die auf und zugeht und aus der manchmal kleine Luftstöße und eine Menge eigenartiger, spaßiger Laute kommen. Und die Finger und Hände, die tragen, streicheln, kitzeln, klatschen und sich zu allem möglichen formen können! Außerdem gibt es immer wieder neue Kleider zu untersuchen. Knöpfe, Schleifen, Halsketten, Armbänder, Uhren. Und manchmal kommt ein anderer großer Mensch mit ganz neuen Gesichtszügen, anderen Düften und Geräuschen. Auf dem Wickeltisch gibt es Salbendöschen, Ölflasche und Haarbürste zum Anfassen.

Wenn das Kind sitzen kann und herumzukrabbeln beginnt, will es alles erforschen, anfassen, in den Mund stecken und probieren. Da können wir ihm hölzerne Kochlöffel, Büchsen, Schachteln, raschelndes ungefärbtes Papier, Wollknäuel geben. Man braucht nicht immer etwas Neues hervorzuholen, oft kann ein wohlbekannter Gegenstand in einem anderen Zimmer in ein ganz neues Licht kommen. Oder wir tauschen einen Kochlöffel, mit dem das Kind schon lange gespielt hat, gegen einen aus, der sich ein wenig vom ersten unterscheidet. Es fasziniert das Kind, daß der Löffel ‹sich verändert› hat. Wenn es aber immerzu ganz unbekannte Gegenstände bekommt, kann das ermüdend wirken.

Das Kind probiert mit unermüdlichem Drang, wie alles schmeckt, klingt, sich anfühlt, und ob man es heben oder schieben kann. Es übt alle seine Sinne.

Wenn das Kind kriecht und auf Entdeckungsreisen geht, können wir es nicht mehr so leicht dirigieren. Immer lockt eine verbotene elektrische Leitung oder ein gefährliches Möbelstück. Aber so kleine Kinder haben ein kurzes Gedächtnis, und es ist oft leichter, als man denkt, ein Kind abzulenken, indem man es in ein anderes Zimmer trägt, wo es z. B. ein paar lustige Schuhe mit Schnürsenkeln dran oder einen Karton mit Bauklötzen findet.

Das Baby kann sich nicht vor schädlichen Einflüssen schützen, und es ist unsere Aufgabe, seine Umgebung ruhig und sicher zu gestalten. Kinder im Kriechalter müssen die Wohnung in Freiheit und ohne Gefahren erforschen dürfen.

Spielsachen

Wenn wir dem kleinen Kind doch etwas schenken wollen, können wir folgendes selber machen:

- Ein *Mobile,* das man über den Wickeltisch oder das Bett hängt. Man nimmt ein paar Holzstäbchen für Blumen, Nähgarn und Seidenpapierbäuschchen in verschiedenen Farben. Es bewegt sich im Luftzug langsam im Kreise.
- Eine *Puppe,* geknotet aus einem Tuch in einer leuchtenden Farbe, so klein, daß das Kind sie handhaben kann, leistet ihm im Bett Gesellschaft.

– Eine *gehäkelte Rassel.* Mit festem Baumwollgarn immer rundherum zu einer länglichen Form häkeln, die sich oben zu einem Ball erweitert. Mit Wolle oder Stoffresten ausstopfen und vor dem Zunähen innen ein kleines Glöckchen befestigen. Sorgfältig vernähen, damit es nicht wieder zum Vorschein kommt.

– Ein *weicher Ball* aus Stoff. Man schneidet vier gleiche, ellipsenförmige Stücke aus Filz. Beim Zunähen bleibt eine Seite zunächst offen, man wendet die Arbeit, stopft sie entweder mit ungesponnener Wolle, einem Wollknäuel oder mit zusammengewickelten Stoffstreifen aus und näht die letzte Naht zusammen. Der Ball soll so klein sein, daß das Kind ihn mit einer Hand halten kann.

Die Gebärde (Alter von 1 bis 2 Jahren)

Das Kind ahmt uns nach

Kinder, die keine ‹aufrechten› Menschen um sich haben, können nicht lernen, sich aufzurichten. In all ihrem Tun sind sie von dem starken Willen beseelt, den Erwachsenen nachzueifern. Wir machen vor und das Kind macht nach. Wenn wir fröhlich sind, fühlen sich die Kinder auch wohl. Wenn wir uns Sorgen machen, werden sie ängstlich. Wenn wir Freude an der Arbeit haben, macht ihnen das Spielen Spaß.

Wir haben da wirklich eine große Verantwortung! Unsere Ansichten und Theorien, wie man Kinder erzieht und ihnen in ihrer Entwicklung zur Seite steht, können so hochlöblich sein, wie sie wollen, aber wenn wir selbst herumnörgeln und gehetzt sind, sind unsere Ideen wirkungslos. Die Kinder nehmen in sich auf, wie wir uns geben, und das machen sie nach.

Wenn das kleine Kind vom Boden aufsteht und läuft, werden die Schultern und Arme, die beim Kriechen angestrengt wurden, frei. Den Kopf trägt es nun aufrecht und spürt, daß es uns anderen Gehenden und Stehenden gleicht. Bald beginnt es seine neue Fertigkeit dazu zu benutzen, nach Dingen zu greifen, die zuvor außerhalb seiner Reichweite lagen. Oft fällt es dem Kind leichter zu gehen, wenn es etwas in der Hand hält, als ob das Gefühl ‹sich festzuhalten› ihm beim Balancieren helfe. Sobald es ein wenig sicherer auf seinen Beinen geworden ist, kommt das Spielerische hinzu, das Kind macht kleine Tanzschritte und Hüpfer. Die Freude darüber, daß man den Eltern von einem Zimmer ins andere folgen kann, ist groß.

Wenn wir aufräumen, zottelt das Töchterchen vor sich hinsummend hinterher und schleppt alles mögliche mit sich herum. Es trägt Sachen aus für uns unbegreiflichen Gründen hin und her. Aber es macht das gleiche wie wir, es nimmt Gegenstände und legt sie wieder hin. Der Sinn dieser Beförderungen ist ihm nicht klar, es ahmt lediglich unsere sichtbaren Handlungen nach.

Das Kleine legt die Stirn in Falten und ‹liest›. Mit ernster Miene und gerunzelten Brauen fährt es mit der Nase ins Buch, als ob es kurzsichtig wäre. Ein kurzer Blick, es wendet das Blatt und starrt auf das nächste. Das Umblättern als solches macht ihm Spaß. Daß das Lesen eine ernsthafte Sache ist, hat es an unseren Gesichtern beobachtet.

Schon vor seinem zweiten Geburtstag hat es viele Erfahrungen über seine Umgebung gesammelt. Es weiß, daß der Besen in der Ecke steht, die Tasse in die Küche gehört und daß der Papierkorb seinen Platz unter dem Tisch hat.

Die Eltern sind stolz auf die Ordnungsliebe des Töchterchens. Der große Bruder ist baß erstaunt über die liebenswürdige Schwester, die ihm seine Siebensachen nachträgt. Aber die ist nicht ordentlich, sondern nur froh darüber, daß alles seinen bestimmten Platz hat – die verwirrende Vielfalt der Dinge ordnet sich langsam zu einem begreifbaren Muster.

Sobald das geschehen ist, beginnt das Kind mit seinen neuerworbenen Kenntnissen zu spielen. Es räumt also seine Zahnbürste in das Fach zu den Gabeln, die Schuhe ins Bett und zieht sich die Hosen über den Kopf! Das findet es äußerst amüsant und versteht überhaupt nicht, daß wir so humorlos sind und seine Heiterkeit nicht teilen.

Zu Hause geschieht soviel Interessantes. Inter-esse bedeutet ja dabei, dazwischen sein. Und genau das will das kleine Kind. Es will den Kopf zwischen mich und meine gegenwärtige Arbeit stecken. Seine Lieblingsbeschäftigung ist, mir bei allem zu helfen. Es möchte auch gern einen kleinen Eimer und Lappen zum Mitschrubben, wenn ich die Schrankfächer saubermache, oder ein eigenes Teigklümpchen, wenn ich backe. Es macht ihm lange nicht den gleichen Spaß, zu backen, wenn ich spüle, oder zu zeichnen, wenn ich nähe. Nein, wenn ich abwasche, will es dasselbe tun, und am liebsten auch im selben Becken! Und wenn ich nähe, möchte es auch ein Stückchen Stoff und eine Stopfnadel. Ob es ihm wohl gelingt, einen Knopf anzunähen?

Einmal sah meine zweieinhalbjährige Tochter zufällig, daß ich einer Puppe mit einem Wachsfarbstift rote Wangen malte. Sie verschwand in einem angrenzenden Zimmer, und es wurde mäuschenstill. Nach einer Weile hörte ich sie kläglich weinen. Ich ging zu ihr hinein, um zu sehen, was los war. Aha! Alle Puppen hatten ‹Scharlach› bekommen. Sie waren knallrot im Gesicht. Bemalt mit dem dunkelsten Wachsstift, den sie finden konnte. Glücklicherweise nutzt sich Wachsfarbe auf Textilien ziemlich schnell ab.

Wenn ich selber dasitze wie ein Fragezeichen, kann ich dem Kind keine Vorwürfe wegen seiner schlechten Haltung machen. Wenn ich beim Aufräumen die Spielsachen und Puppen bunt durcheinander in die Schublade werfe, darf ich mich nicht darüber entrüsten, daß das Kind sein Spielzeug unsanft behandelt. Wenn ich Eselsohren und Randanmerkungen in die Bücher mache, kann ich sicher sein, daß das Kind es ebenfalls tut – wenn auch seine ‹Anmerkungen› um einiges reizvoller sind. Das Kind liebt uns und will uns deshalb gleichen, so macht es uns eben alles nach.

Es gibt noch einen Grund, warum das kleine Kind seine Angehörigen nicht gern aus den Augen läßt. Es ist nämlich nicht wirklich sicher, daß sie noch da sind, wenn es sie nicht mehr sieht. Deshalb ist Guckguck so ein beliebtes Spiel. Wir verstecken uns einen Augenblick und zeigen uns wieder. Die Freude des Wiedersehens ist ungeheuer. Durch dieses Spiel lernt das Kind, daß wir immer wiederkommen.

Aber richtiges Versteckspiel ist für die Kleinen unheimlich. Die größeren Kinder verstecken sich so gut, daß man Angst bekommen kann, sie wären wirklich verschwunden. Das kleine Kind will am liebsten, daß derjenige, der sich versteckt, jedesmal am selben Platz zu finden ist, damit es selbst bestimmen kann, wie lange die Ungewißheit dauern soll. Es würde das Spiel also nicht Verstecken nennen, sondern Finden!

Anna zeichnet

Anna ist anderthalb Jahre alt. Sie hat einen Wachsfarbstift erwischt. Sie hat schon gesehen, daß da etwas steht, wenn man mit dem Stift über eine Fläche fährt. Zunächst versteht sie gar nicht, warum wir dazu Papier benutzen, das müssen wir ihr erst beibringen.

Jetzt hat sie also einen dicken Farbstift und ein großes Stück Papier. Erst fährt sie ganz leicht darüber und sieht sich staunend das Ergebnis an. Dann wird sie kühner und schwingt die Hand in weiten Bogen über das Blatt. Es geht immer schneller, sie ist intensiv bei der Sache und drückt fester drauf. Ihre Hand zeichnet große Achten und Kreuze, hin und her, Schicht auf Schicht. Manchmal werden es richtige Wirbel, die gar kein Ende nehmen. Anna ist sehr erbaut davon und will danach oft zeichnen. Sie soll schöne dicke Wachsfarbstifte oder Wachsfarbblöcke bekommen, die nicht dauernd abbrechen, nicht Bleistift oder Kugelschreiber.

Wenn wir uns ihr Gekritzel ansehen, stellen wir fest, daß diese Linien den Bewegungsformen des Kindes im Raum entsprechen, es ist sozusagen tänzerische Bewegung aufs Papier gebracht, statt aufs Parkett. Es kann auch an Wirbel im Wasser, die Bahnen von Planeten, an daherjagende Winde oder Formen aus der Pflanzenwelt erinnern. Vielleicht wissen Kinder mehr über solche Dinge, als wir ahnen?

Wasserfarben braucht Anna nicht, bevor sie nicht die richtige Reihenfolge beherrscht, erst den Pinsel ins Wasser, dann in die Farbe tauchen und dann malen. Das ist wohl kaum vor dem dritten Geburtstag der Fall – und dann auch erst mit einer einzigen Farbe. Dann soll sie richtige Aquarellfarben bekommen und auf ein vorher angefeuchtetes Papier malen, so daß die Farbe ausfließt und in verschiedenen Nuancen schimmert. Ein dicker Pinsel ist am besten!

Das Kleckern mit Farben, die man direkt mit den Fingern aufträgt, halte ich für eine unwürdige Art, Farben zu behandeln. Farbe ist wie Licht, zart und ungreifbar. Licht und Farbe sollen doch das Auge erfreuen! Warum soll man damit herummanschen?

Die Farbe, mit der das Spielzeug bemalt ist

Legobausteine enthalten Kadmium, und die Farbe, mit denen die «Schlümpfe» bemalt sind, ist bleihaltig – was geben wir eigentlich unseren Kindern zum Spielen? Wir glauben doch wohl nicht im Ernst, daß Farbenpracht für sie wichtiger ist als ihre Gesundheit? Nach welchen ethischen Motiven erfolgt eigentlich der Verkauf im Spielwarenhandel? Es herrscht die weitverbreitete Ansicht, daß Kinder kräftige Farben bevorzugen. In neugebauten Kindergärten wird weder an auffälligen Mustern noch an leuchtenden Farben gespart. Nirgends gibt es eine ruhige Fläche!

Aber Farbe und Licht sind Nahrung für uns, die bis in die Zellen unseres Körpers hineinwirkt. Daß wir oft längere Zeit in künstlicher Beleuchtung verbringen, läßt uns sicher auch nicht unbeeinflußt.

Wir nehmen die Farben zur Hilfe, um seelische Stimmungen auszudrücken. In einem gelben Zimmer ist uns anders zumute als in einem roten. «Ich sehe da schwarz», «sie wurde grün vor Neid», «er sah vor Zorn rot», sagt man.

Es ist etwas Wunderbares, daß das Auge Farbe erfassen kann. Das ist eine Fähigkeit, die wir, wie alle unsere Fähigkeiten, üben oder vernachlässigen können. Zur Übung des Auges sind daher zarte, nuancierte Lasurfarben den kräftigen, kompakten Deckfarben vorzuziehen.

Bei Tageslicht ist das Farbenspektrum komplett. Unser Auge ‹weiß› das und ‹ergänzt› beim Betrachten eines Gegenstandes die fehlenden Farben des Spektrums. Das kann man folgendermaßen ausprobieren: Man hält ein Stück einfarbiges, blaues Papier vor einen weißen Hintergrund und schaut etwa eine Minute intensiv darauf. Dann sieht man ins Weiße daneben: es entsteht hier ein schwach orangefarbener Fleck als Nachbild. Orange ist die Komplementärfarbe von blau!

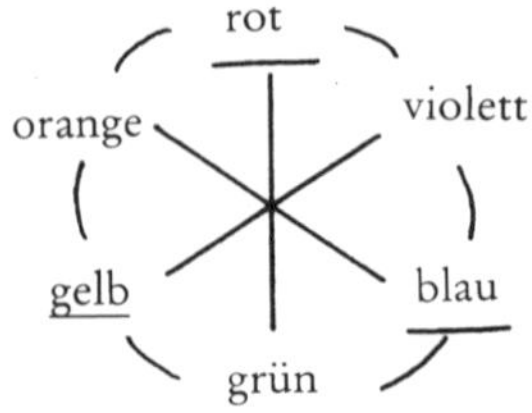

Der Farbkreis (nach Goethe)
Die Grundfarben sind unterstrichen. Die Komplementärfarben stehen ihnen gegenüber. Mischt man zwei Grundfarben, so ergibt sich die Komplementärfarbe zu der dritten Grundfarbe.

Im Farbkreis sieht man die drei Grundfarben, rot, gelb und blau. Gegenüber liegen die jeweiligen Komplementärfarben grün, violett, orange. Aus den drei Grundfarben kann man alle anderen Farben mischen: Orange aus rot und gelb, violett aus rot und blau, grün aus gelb und blau. Braun und grau erhält man durch Mischen aller drei Grundfarben.

Kinder können ein sehr starkes Farberlebnis haben. Es kann für sie also von Bedeutung sein, was für Farben ihre bevorzugten Spielsachen und ihre Lieblingspuppe haben. Man kann den Lichtcharakter der Farbe betonen, indem man sie zart und durchsichtig macht. Wenn man die Wände im Kinderzimmer lasiert, wirkt die Farbe nicht kompakt und leblos. Die Grundfläche scheint hindurch und es entstehen Farbschattierungen, die die Phantasie anregen.

Wir alle haben wohl einmal vom Bett aus einen Fleck auf der Tapete betrachtet und darin alle möglichen Figuren gesehen, oder wir haben in der Maserung von Holz Gesichter oder Tiere entdeckt. Auch Spielsachen kann man lasieren, dadurch bleibt der Kontakt mit dem Material, aus dem sie gemacht sind, erhalten. Jede Holzart hat ihre typische Struktur, die verlorengeht, wenn man sie rücksichtslos mit einer dicken Schicht deckender Plastikfarbe zukleistert.

Das Material, aus dem das Spielzeug gemacht ist

Anna ist zwei Jahre alt. Sie geht auf Entdeckungsreise und probiert, ob sie alle großen Gegenstände heben kann, die sie sieht. Sie stöhnt und kommt sich ungeheuer stark vor, wenn sie es schafft, die großen Klötze oder Papas Aktentasche hochzustemmen. Anna lernt dadurch, das Gewicht der Dinge ihrem Volumen und Material entsprechend einzuschätzen. Es wird noch Jahre dauern, bis sie das wirklich kann. Selbst als Erwachsener wird Anna sich manchmal irren.

Wenn wir Anna helfen wollen, geben wir ihr keine irreführenden Informationen. Aber gerade das tun wir, wenn wir ihr große Bauklötze aus Plastik geben. Sehen die nicht viel schwerer aus, als sie sind? Oder die Plastikpuppe, welch eine leere Hülse! Die alten Gummipuppen dagegen hatten jedenfalls noch Gewicht und eine gewisse Weichheit. Daß die Puppe sowohl schwer als auch weich ist, und daß sie sich warm anfühlt, wenn man sie im Arm hält, erleichtert der Puppenmutter, sich in sie einzuleben und enge Beziehungen zu ihr zu knüpfen. Die Puppe gibt ihr auch etwas. Es ist wunderbar, neben einer warmen, schweren Puppe im Bett einzuschlafen.

Damit eine Puppe sich angenehm anfühlt, stopft man sie am besten mit Wolle aus. Wolle speichert die Wärme und schadet dem Kind nicht, falls die Puppe kaputt geht. Stopft man eine Puppe mit Wolle aus, so wird sie schwerer, als wenn man sie mit Zellwolle oder Schaumgummi ausstopft und außerdem ist sie weniger feuergefährlich. Wolle ist ein lebendes, natürliches Material. Auch als Stoff für den Puppenkörper ist Wolltrikot das allerbeste – weich, warm und schmutzabweisend. Aber leider teuer und oft nicht in Hautfarben erhältlich. Wir müssen also statt dessen Baumwolltrikot nehmen. Es verbindet das Kind mit dem ‹Puppenmacher›, wenn es die Puppe im

Werden sieht oder denjenigen kennt, der sie angefertigt hat. Wolle und Stoff ist so einfaches Material, daß das Kind sie nicht auseinanderzunehmen braucht, um zu sehen, was drin ist.

Mit Hilfe der Hände und Finger lernen Kinder viel. Durch den Tastsinn entdecken sie die Verschiedenheit von Oberflächen und die Struktur der Gegenstände um sich herum. Manche Kinder halten beim Einschlafen gern etwas in der Hand, das sich weich anfühlt. Wenn die Puppe genauso hart und steif ist wie das Auto, das Schiff und die Bauklötze, ist das Kind um ein Erlebnis ärmer. Man kann sagen, daß ein Kind, das nur Plastikspielsachen hat, in einem dürftigen Milieu lebt. Dieses Material hat ja auch keinen Klang wie z. B.

Holz, Glas und Metall. Wenn man darauf klopft, gibt es nur einen dumpfen oder klappernden Ton.

Holzklötze führen nicht irre. Sie sind so schwer, wie sie aussehen. Sie können auch bearbeitet werden. Das Holzauto kann man reparieren und neu anmalen. Man kann es viele Jahre lang haben und es liebgewinnen. Spielwaren aus Holz können in kleinen Serien, also in einem reichhaltigen Angebot hergestellt werden. Spielzeug aus Plastik dagegen muß man wegen der teuren Maschinen massenweise in großen Serien fabrizieren.

Kleine Kinder, die fernsehen, werden daran gehindert, ihre Umwelt und ihre Mitmenschen aktiv kennenzulernen und zu erforschen, d. h. eigene Erfahrungen zu sammeln. Wie gut das TV-Programm auch immer sein mag, es hat keinen Wert für die Entwicklung des Kindes, denn es hindert es daran, selbst am Leben teilzunehmen.

Für Kleinkinder ist es wichtig, daß die Dinge in ihrer Umgebung einfach und erfaßbar sind. Es fesselt die Kleinen immer wieder, daß eine einfache Form in schier unendlicher Variation auftreten kann. Selbst die verwöhntesten Großstadtkinder sammeln mit rührendem Eifer Tannenzapfen, Stöckchen, Kastanien, Eicheln und Kieselsteinchen.

Legobausteine sind alle in dieselbe Form gepreßt. Die lebende

Vielfalt z. B. von Kastanien fehlt ihnen gänzlich. Aber es gibt doch jetzt eine Menge in Farbe, Form und Größe verschiedene Legobausteine, das muß doch wohl die Phantasie anregen, nicht wahr? – Ja, natürlich bekommen die Kinder Lust zum Bauen. Aber das Lego bestimmt die Bedingungen dabei.

Beobachten wir Anna, wenn sie mit Lego baut: sie weiß, daß der Baustein festsitzt, sobald es ‹schnapp› macht. Daher baut sie schnell und sozusagen ohne Sorgfalt. Sie führt immer wieder denselben Handgriff aus. Sobald sie einmal verstanden hat, wie das System funktioniert, braucht sie sich nicht zu überlegen, wie sie es anstellen soll, damit der eine Stein am anderen haften bleibt. Die Erkenntnis, daß jeder Legostein auf eine bestimmte Weise auf einen anderen festgedrückt wird, blockiert sie für anderes. Sie weiß genau, daß der Legostein herunterfällt, sobald sie versucht, ihn verkehrt herum oder mit der glatten Seite festzudrücken.

Wir können Anna auch beobachten, wenn sie etwas aus unregelmäßigen Abfallstücken aus einer Schreinerei baut. Jedes Holzstück unterscheidet sich von den anderen. Anna muß das Holzklötzchen – ehe sie überhaupt versucht, es auf die Mauer zu legen – in der Hand wägen, es ansehen und mit Hilfe von Auge und Hand Schlüsse ziehen. Sie beurteilt, wenn auch unbewußt, wohin sie den Baustein legen kann, so daß er auf seinem Platz bleibt und nicht wieder herunterfällt. Dann muß sie ihn vorsichtig so hinlegen und zurechtschieben, daß das Bauwerk hält. Die unregelmäßigen Bauklötze bereichern Annas Erfahrung mehr als das Lego. Man kann sie ja auch weiter ausformen, zusammennageln, anmalen und sogar verbrennen, wenn man sie nicht mehr haben will.

Man könnte es auch so ausdrücken: Lego erfordert weniger manuelle Geschicklichkeit als Holzbauklötze. Um etwas aus diversen Holzklötzen und anderem ‹Krimskrams› zustande zu bringen, braucht man eine lebhaftere Phantasie als zum Zusammensetzen von Legosteinchen.

Die vier Elemente

Die vier Elemente, die Sonne und der Mond und die Sterne sind, wie die wechselnden Jahreszeiten, unerschöpfliche Quellen der Inspiration für die Arbeit im Kindergarten.

Wir können leichte Federn und Wattebäuschchen über den Tisch pusten. An windigen Tagen lassen wir die Drachen steigen. Wir können Flugzeuge aus Papier falten und Wimpel machen, die flattern, Windrädchen, die sich drehen, und wir können wirbelnde Schneeflocken und fallendes welkes Laub fangen.

Wir können Äpfel, Kartoffeln und Kastanien im Feuer braten. Wir füttern das Feuer mit Holz, das wir gesägt und hereingetragen haben; unsere Phantasie beschäftigt sich mit dem, was in der Glut verborgen ist. Wir freuen uns über die Wärme und bereiten das Essen über dem Feuer.

Am Strand oder im Sommer, wenn es regnet, können wir Kanäle graben, Wasser holen und den Sandkasten in eine Inselwelt verwandeln. Im Frühling können wir ein Wasserrad am Bach bauen, und im Badezimmer können wir mit Bechern und Trichtern spielen und gurgeln üben.

Kinder finden immer gleich das letzte Eckchen Erde, das noch nicht asphaltiert ist; wo es auch sei. Und besonders, wenn es geregnet hat, ist es wunderbar, die Füße in den Matsch einsinken zu lassen. Im Garten kann man so herrlich graben und nach Würmern und Krabbeltieren suchen.

Es ist spannend, die Gedanken um den Mond und die Sterne kreisen zu lassen oder einen Sonnenuntergang mitzuerleben, der den ganzen Himmel rot färbt.

Es gibt Lieder und Geschichten, die von den Wind- und Luftgeistern, von der Hitze des Feuers, den Schiffen auf dem Meer und dem Maulwurf in der Erde erzählen. (Und wenn wir keine davon kennen, müssen wir wohl welche erfinden!) Nehmen Sie dem Kind nicht die spontane Freude und das unmittelbare Erleben an dem, was die Natur uns schenkt. Die trockene Erklärung des Lexikons, wie sich die Schneekristalle bilden, können wir uns sparen! Sie zerstört die Verwunderung des Kindes, wenn eine Schneeflocke auf den Ärmel der Jacke geflogen ist und so schimmernd weiß daliegt wie eine verzauberte Blume.

Warum sollen die Kinder im Vorschulalter nicht ihre wunderbaren Bilder behalten? Sie sind für das Kind wahr. Früh genug werden die Kinder ‹nüchtern› und wollen wissen, wie sich alles ‹in Wirklichkeit› verhält. Das Kind braucht Bilder, keine Ziffern und wissenschaftlichen Fachausdrücke. Wenn das Kind fragt: «Wie stark bläst der Wind?», sollte man nicht antworten, daß es böiger Wind von ca. 17 m/h ist, sondern, daß der Wind so stark weht, daß er die Blätter vor sich hertreiben kann und manchmal sogar Bäume umwirft.

Spielsachen (für 1- bis 2jährige)

Zum Beispiel:

- Puppe, aus einem Tuch geknotet.
  Große Puppe im Sackkleid oder festsitzenden Anzug.
- Puppenbett aus einem Karton oder Wiege aus Holz, Kissen, Decke, Matratze.
- Stabiler Puppenwagen, der nicht so leicht umkippt.
- Großer weicher Ball, mit beiden Händen zu werfen.
- Decke zum Spielen, unter der man sich verstecken kann.
- Körbe oder Kisten für die Spielsachen.
- Bauklötze verschiedener Größe, Abfallstücke vom Schreiner. (Größere Kinder können sie abfeilen, mit Sandpapier schmirgeln und mit Wasserfarbe und Bindemittel bemalen oder sie mit Leinöl und Terpentin tränken und dann evtl. verschenken.)
- Ein bewegliches Tier zum Nachziehen, wie z. B. eine watschelnde Ente.
- Schaukelpferd oder ähnliches.

Im Freien: Eimer, Schaufel, Ball und alles, was die Natur uns schenkt.

Die Sprache (Alter von 3 bis 4 Jahren)

Kinderreime

Das Kind lernt nach und nach immer schwierigere Körperbewegungen zu beherrschen. Es versucht sogar zu fliegen und wundert sich, daß es dabei immer wieder hinfällt. Es schlägt Purzelbäume, versucht auf dem Kopf zu stehen, rollt seitlich den grasbewachsenen Abhang hinunter, dreht sich in der Schaukel ein.

Parallel zu den Fortschritten der körperlichen Fähigkeiten entwikkeln sich die sprachlichen Fertigkeiten. Die ersten mühsam hervorgebrachten Worte kamen etwa gleichzeitig mit den ersten zaghaften Schritten. Wenn das Kind rennen und hüpfen kann, fängt es an zu reimen, zu singen und eigenartige Verslein herzusagen. Die Sprache hat Grenzen, die erforscht werden müssen! Wenn man den Mundbewegungen freien Lauf läßt, bringt man manchmal richtige Worte zustande und manchmal nur Geplapper. Sprachmelodie und einzelne Laute werden geübt.

So wie das Kind im Krabbelalter probiert, wie Möbel, Kleider, Essen und Spielzeug «schmecken», so nimmt es nun die Sprachlaute in den Mund und probiert sie. Nun ist es Zeit, das Kind mit lustigen Wörtern zu «füttern»! Wir haben ja fast alle das Wort zur Verfügung, dieses unser billigstes Spielzeug. Aber wir müssen uns davor hüten, mit dem Kind eine babyhafte Sprache zu sprechen, nur weil es so niedlich klingt, wenn die Wörter nicht ganz korrekt sind. Das Kind kann es als eine Beleidigung auffassen, wenn es spürt, daß wir uns auf ein Niveau herablassen, das unter dem unseren liegt.

Die Augen des Dreijährigen leuchten, wenn es im Takt von ‹Hoppe hoppe Reiter› auf unserem Knie reiten darf. Erwachsenen kommt der Inhalt von Kinderreimen manchmal sehr sonderbar oder sogar altmodisch vor, aber Kinder kümmern sich mehr um Rhythmus und Reim als um den Inhalt. Sie lassen sich von allen fröhlichen Reimen fesseln und lernen sie schnell auswendig.

Der manchmal so anstrengende Weg vom Kindergarten nach Hause wird leichter, wenn wir auf alles, was wir sehen, einen Reim machen oder im Takt marschieren zu: Knick und knack – Holz

zerhack, knick und knack – in den Sack! Oder: Änige, bänige, doppeldee – triffel, traffel trummernee! Der Weg wird dagegen noch länger und mühseliger, wenn man das Kind dazu bringen will, sich in die Vergangenheit zu versetzen und zu erzählen, was tagsüber passiert ist, oder wenn es an die Zukunft denken und das Abendessen mit uns vorplanen soll. Das Kind denkt im Hier und im Jetzt.

Die Puppe, das zweite Ich des Kindes

Im Spiel mit Puppen übt sich das Kind darin, Gefühle auszudrücken und Erlebtes zu verarbeiten. In der Puppe sieht es sich selbst. Das Kind gibt der Puppe Leben, es beseelt sie mit seiner Phantasie.

Das Kind ist im Allgemeinen noch klein, wenn es das erste Mal mit Puppen spielt. Schon Einjährige können sich über den Puppenwagen beugen und die Puppe küssen.

Das Zweijährige nimmt die Puppe mit festem Griff an irgend einem Teil des Puppenkörpers. Wenn die Puppe schlafen soll, wird sie unsanft in den Wagen gedrückt, die Decke wird straff übergezogen

und an den Seiten energisch festgestopft. Im nächsten Augenblick schon muß das Puppenkind wieder aufstehen. Die Decke wird herausgezogen, die Puppe mit einem Ruck hochgenommen, heftig umarmt und auf einen Ausflug mitgeschleppt. Manchmal landet sie dabei draußen in einer Pfütze oder drinnen in der Badewanne, im Kies auf dem Hof oder ganz hinten an der Wand unter einem Schrank. Sie wird ganz realistisch mit Dickmilch gefüttert und einen Augenblick später völlig vergessen.

Viele Kinder haben gar kein Interesse daran, ihre Puppe an- und auszuziehen, sondern sehen in ihr einen Spielkameraden, der sie auf allen Abenteuern begleitet. Für sie ist eine Puppe mit festgenähten Kleidern wie der auf S. 43 abgebildete Christoph ideal.

Der vierjährige Andreas hat eine große Puppe zum Anziehen bekommen, die den gleichen Schlafanzug hat wie er selber. Er betrachtet sie sehr liebevoll, und abends legt er sie immer neben sich ins Bett. Er hat jetzt einen Freund, mit dem er viel Spannendes zusammen erleben wird. Als Andreas etwas älter geworden ist, konstruiert er einen Fallschirm für seine Puppe und läßt sie vom 2. Stock aus dem Fenster segeln. Als er in dem Alter ist, wo er sich für Indianer interessiert, bekommt die Puppe natürlich ihr eigenes Indianerkostüm. Wenn Andreas krank ist oder verreist – die Puppe ist immer dabei.

Einmal, als der vierjährige Andreas erkältet ist und das Kranksein satt hat, betrachtet er seine Puppe eingehend, und plötzlich erhellt sich seine Miene:

«Mama, ein Glück, daß die Puppe keine Nase hat! Da kann sie auch keinen Schnupfen bekommen.»

Im Reimalter bekommen die Puppen oft eigenartige Namen: Krausi-Locki, Fußgängerpuppe, Klumme, Margarini. Manchmal bekommt auch eine Puppe den Namen des Kindes, dann ist die Puppe wirklich sein zweites Ich.

Lebensnahes Spielzeug

Andreas wünscht sich ein Stofftier. Geben Sie ihm keins, das wie die Karikatur eines Menschen aussieht!

Suchen Sie nach einem Tier, das wie ein richtiges Tier aussieht, ohne dabei detailliert und realistisch ausgeformt zu sein. Die besten Spielsachen sind solche, die das Charakteristische des Dargestellten nur andeuten. Ein geschnitztes Tier z. B. kann in seiner Form eine für das Tier typische Bewegung festhalten.

Wenn wir kleinen Kindern Karikaturen und Figuren aus Comicstrips zum Spielen geben, setzen wir bei ihnen eine Fähigkeit voraus, die sie noch nicht haben – nämlich das Witzige an einer Karikatur entdecken zu können. Wenn man einen Menschen karikieren will, muß man ja wissen, wie er aussieht – aber das wissen kleine Kinder nicht! Man braucht sich nur die Bilder von Menschen anzusehen, die sie zeichnen. Es sind nicht allzuviele Einzelheiten darauf zu erkennen. Kleine Kinder können nicht kritisch beobachten und erkennen, was typisch für ein Gesicht ist. Das wollen wir ihnen auch nicht beibringen, denn es würde ein zu frühes Abstandnehmen, ein Distanzieren hervorrufen, ein Bewußtsein, das einem späteren Alter zugehört.

Es gibt Puzzle- und Legespiele für kleine Kinder auf Klötzen. Ein darauf abgebildetes Gesicht kann so aufgeteilt sein, daß die Nase auf einem, Mund und Kinn auf dem anderen und die Augen auf dem

Christoph ist eine 25 cm große Puppe mit am Körper festsitzendem blauem Strickoverall. Schon an der Art, wie Kinder spielen, kann man sehen, wie sie später als Erwachsene arbeiten werden: schnell oder langsam, konzentriert oder zerstreut. ▶

dritten Klotz zu finden sind. Einheiten auf solch abstrakte Weise aufzuteilen, ist Kindern fremd. Es tut ihnen fast weh, ein so in Teile zerschnittenes Gesicht zu sehen. Oder: daß man bei einem großen, fertigen Puzzle ein Stückchen Bauch aus einem Mann herausheben kann.

Viele Illustrationen, die eigens für Kleinkinder gemacht werden, haben dicke schwarze Konturen. Als ob der Hersteller glaubte, die Kinder sähen schlecht, wenn nicht die Ränder der Figuren dick gezeichnet wären. Aber solche dicken schwarzen Striche gibt es ja nicht in Wirklichkeit! Da werden zwei Flächen nicht mit Linien voneinander abgegrenzt, sondern liegen ganz einfach nebeneinander. Meine Hand auf dem Tisch ist nicht schwarz umrandet, und dort, wo sie zu Ende ist, sieht man den braunen Tisch.

Andreas zeichnet

Aus den großzügigen Bogen und Spiralen, die früher das Papier füllten, haben sich nun einzelne Kreuze und Kreise herauskristallisiert. Andreas ist drei Jahre alt geworden und gibt sich die größte Mühe, einen runden Kreis zustande zu bringen. Vor Anstrengung hält er die Luft an und atmet befreit auf, als es ihm endlich gelingt.

Der Kreis ist ein Symbol für Zusammengehörigkeit, für Einheit, der Ring ist ein geschlossener Raum. Andreas wird sich dessen bewußt, daß er ein Innenleben hat, das langsam der Außenwelt gegenüber Form annimmt. Man kann ihn mit einem Kreis vergleichen, der in sich abgeschlossen ist. Jetzt sagt er ganz bewußt «ich», wenn er von sich spricht. Aus dieser Zeit stammen seine frühesten Kindheitserinnerungen.

Aus dem runden Kreis entsteht ein ‹Kopffüßler›, bei dem die Arme und Beine auf dem Zeichenpapier direkt aus dem Kopf wachsen. Ob wohl Andreas' ‹Kreis› eine andere Richtung einschlagen kann als Papas? Er probiert jetzt aus, wie sich sein Ich zum anderen Ich verhält. Er will etwas oder er will es *nicht* – was wir dann Trotz nennen. Jetzt muß er wissen, wo die Grenzen sind: das darf man und das darf man nicht. Das gibt ihm Sicherheit.

Der vierjährige Andreas will zeichnen. Er überlegt nicht lange, sondern fängt gleich an. Und es entsteht etwas, das ihn zum Weitermachen inspiriert. Während er zeichnet, beschreibt er ganz erstaunt, was er da sieht, als ob jemand anders ihm die Hand führte: «Das hier wird, glaube ich, ein Schiff, das schaukelt, und oh! hat das viele Punkte, das hat wohl die Masern bekommen? Und guck mal, es ist windig, die Flagge weht. Aber was schwimmt da unter dem Schiff? Ein gefährlicher Fisch!»

Voller Begeisterung teilt er seinem Vater mit, was vor seinen Augen entsteht. Als dieser einige Zeit später das Bild in die Hand nimmt und betrachtet, kommt Andreas dazu und erzählt stolz, daß auf dem Bild etwas ganz anderes zu sehen sei: eine Landkarte, Regen, Klippen. «Was», sagte der Papa, und es gelingt ihm gerade noch, runterzuschlucken, was er auf der Zunge hatte: Aber heute morgen hast du doch gesagt, es sei ein Boot und ein Fisch? Aber jetzt ist es eben kein Schiff mehr für Andreas. Er sieht nun etwas ganz anderes in dem Bild.

Verwandlung, Veränderung!

Im Spiel kommen ständig Verwandlungen vor. Ein paar Vier- und Fünfjährige brauchen nicht viel, um ganze Dramen zu gestalten.

Die Ältesten verteilen mit kurzem Hinweis die Rollen: «Also, du bist die Mutter und du der Vater und du kannst unser Kind sein und du der Hund.» Und schon sind sie mitten drin im Spiel. Fehlen Spielkameraden, können statt dessen die Puppen einspringen.

Nun gilt es, beim Generationswechsel in dieser Familie nicht den Anschluß zu verpassen. Geburten und Rollentausch geschehen in dem Alter nämlich mit atemberaubender Geschwindigkeit: «Jetzt kommst du auf die Welt, jetzt lernst du kriechen, nein, wir sagen, du kannst schon laufen, du kommst also her, und ich gehe einkaufen.»

Die Kinder schauen sich im Zimmer um, und alles, was sie sehen, können sie gebrauchen. Das Sofa ist ein Schiff, im nächsten Augenblick ein Haus mit einer Decke als Dach. In diesem Alter üben die Gegenstände großen Einfluß auf ihr Spiel aus.

Man kann die Art der Kinder, in ihren Spielen Wörter, Dinge und Erlebnisse in einem unkonventionellen Durcheinander zu mischen, damit vergleichen, wie sich im Traum Bilder aneinanderreihen. Kinder greifen nach dem, was sich ihnen anbietet, und vermengen keck eigene Erinnerungen, die Intuition des Augenblicks, visuelle Eindrücke, unausgesprochene Bedürfnisse, Empfindungen des eigenen Körpers, Geräusche, was Mama eben gesagt hat . . . Aus allem, was gerade das Kind bewegt und um es herum ist, macht es eine herrliche Collage! Während des ganzen Spiels probiert das Kind alle möglichen Wörter und Laute aus, um zu sehen, inwieweit sie tauglich und für die anderen Kinder verständlich sind.

Bestimmte Muskeln längere Zeit einseitig zu strapazieren, ist direkt schädlich für Kinder. Wenn ich von einem Kind verlange, daß es mein einförmiges Tempo beim Spazierengehen einhält, bedeutet das, daß es in gewisser Weise überanstrengt wird. Auch eine ganze Stunde lang stillzusitzen und kleine Plastikperlen auf einem Untersetzer festzudrücken, tut ihm nicht gut. (Eine Beschäftigung, der man in den meisten schwedischen Kindergärten frönt. Anm. d. Ü.) Nein, Kinder wollen sich regen und bewegen. Es hat gewiß nichts mit Konzentrationsschwierigkeiten zu tun, wenn ein Kind oft seine Beschäftigung wechselt. Kinder sind sanguinisch. Wie Schmetterlinge wollen sie von

einer Blume zur anderen flattern und sehen, was es dort gibt. Nach einer Weile kommen sie gern zurück zur ersten Blume. Daß das Fernsehen Abwechslung biete, ist eine falsche Annahme. Das Kind muß dabei nämlich viel zu lange stillsitzen. Die Augen sind konstant auf dieselbe Entfernung eingestellt, wodurch sie unnatürlich strapaziert werden.

Wiederholung

Die Tatsache, daß Kinder so für Veränderung und Bewegung sind, bedeutet nicht, daß es ihnen gefiele, wenn dauernd alles um sie herum ebenfalls sich verändern würde und nichts gleich bliebe. Im Gegenteil, Kinder wollen ja dasselbe Märchen immer wieder hören. Es ist ihnen dabei wichtig, daß sich der Wortlaut von einem Mal zum anderen nicht ändert. Das Wohlbekannte spricht sie sehr an und gibt ihnen das Gefühl von Sicherheit. Wenn das Kind das Märchen schon kennt, ‹getraut› es sich, Angst vor den schrecklichen Riesen und Hexen zu haben. Bei einem neuen Märchen mit unbekanntem Schluß könnte das allzu unheimlich und gefährlich werden. Kleine Kinder haben eine Vorliebe für unkomplizierte, drollige Märchen und Reime, wie z. B.: «Widewidewenne heißt meine Puthenne», «Der Pfannkuchen, der nicht gefressen werden wollte», «Der Wolf und die sieben Geißlein», «Pitsche-patsche Peter», «Der Herr, der schickt den Jockel aus», «Zeigt her eure Füßchen» usw.

Wenn wir nur selber unsere Abneigung gegen Wiederholungen überwinden können, dann werden wir sehen, mit welcher Begierde die Kinder immer wieder derselben Geschichte lauschen und die Wortfolge geradezu genießen. Auch Rhythmus und Melodie der Sprache faszinieren sie, und beim Spiel wird später davon Gebrauch gemacht. Ein Verschen, das wir jeden Abend beim Schlafengehen aufsagen, führt sicher in die Welt der Träume. Auch wir Erwachsenen haben ja im allgemeinen unsere Rituale vor dem Zubettgehen.

Durch den unterschiedlichen Verlauf der Wochentage gegenüber den Sonn- und Feiertagen lernt das Kind bald, daß die Woche einen bestimmten Rhythmus hat. Wenn wir jeden Sonntag einen Spaziergang in demselben Wäldchen machen, entdecken wir jedesmal neue Kleinigkeiten, die uns beim letzten Mal nicht aufgefallen waren – allerlei kleine Insekten, eigenartige Blumen, sich windende Äste, hübsche Steine, wir hören Vogelgezwitscher und das Rascheln von Mäusen. Auch die Einzelheiten eines Märchens prägen sich ja nicht gleich beim ersten Mal ein, wenn man es hört. Ebenso macht ein alljährlich gespieltes kleines Weihnachtsmärchen mit einfachen Puppen jedes Jahr wieder neuen Eindruck. Die Kinder haben sich ja das Jahr über verändert und sehen es nun mit anderen Augen.

Der Tierpark und die Ameise

Wir sind eifrig darauf bedacht, unseren Kindern die Welt zu zeigen. Wir nehmen sie mit auf Besichtigungstour, hinaus ins Leben der Erwachsenen, und schleppen sie in Museen und Tierparks, um sie zu unterhalten und zu belehren. Voller Ungeduld stürmen wir durch den Tierpark, ohne uns Zeit zu nehmen, das Eichhörnchen aus unserer

Hand fressen zu lassen, und ohne warten zu können, bis sich das Meischen auf unsere Schulter setzt.

«Komm doch endlich, beeil' dich, sonst schaffen wir die Bären nicht mehr!» rufen wir dem Kind zu, das in der Betrachtung einer Ameise, die über den Weg krabbelt, versunken ist. Wenn wir dann nach ein paar Stunden Herumtraberei im Tierpark erschöpft nach Hause kommen, stellen wir indigniert fest: den größten Eindruck des ganzen Ausflugs hat die kleine Ameise hinterlassen. Muß man in den Tierpark gehen, um Ameisen zu betrachten?

Spielsachen (für 3- bis 4jährige)

Kinder brauchen nicht viel, um spielen zu können. Geben Sie ihnen Reste von Material, mit dem die Erwachsenen sich gerade beschäftigen, und beziehen Sie sie mit in Ihre Arbeit ein. Malbücher, in denen fertige Konturen mit Farbe ausgefüllt werden sollen, vermeide man.

Einige Vorschläge:

- Puppe, aus einem Tuch geknotet.
- Große, einfache Puppe.
- Ein paar Puppenkleider, die leicht an- und auszuziehen sind.
- Puppenbett aus einem Karton, Wiege aus Holz, Puppenwagen oder Schlafsack.
- Matratze, Kissen, Decke. Bettuch erst, wenn das Kind selbst das Bettchen damit beziehen kann.
- Diverse Stoffreste zum Nähen oder um die Puppe darin einzuwikkeln.
- Tücher in hübschen Farben zum Bauen von Häuschen und zum Verkleiden.
- Ein lustiger Hut, eine alte Handtasche, ein Schmuckstück.
- Gold-, Seiden- und Kreppapier, giftfreier Leim.
- Wachsfarbblöcke, Wachsfarbstifte und große Bogen kräftiges Papier.
- Großes Holzauto mit Ladefläche, ein paar kleinere Autos.
- Holzstücke in verschiedenen Formen.
- Ein paar einfache Tiere.

- Bewegliche Spielsachen: Hampelmann, pickende Hühner, zwei Leute, die sägen.
- Körbchen oder Schachteln für schöne Steine und anderes.
- Schaukelpferd.
- Ein paar Decken, mit deren Hilfe ein umgekippter Tisch in einen Kaufladen, ein Haus, ein Auto, einen Kiosk usw. verwandelt werden kann.

Im Freien: Eimer, Schaufel, Rechen, Förmchen, Ball, Schubkarre, Windrädchen, Borkenschiffchen, Schaukel u. a.

Der Gedanke (Alter von 5 bis 6 Jahren)

Das Vorstellungsvermögen

Im allgemeinen ist ein Kind mit fünf Jahren ruhig und ausgeglichen und kann sich bereits eine ganze Weile still verhalten. Es vermittelt den Eindruck von Sammlung und größerem Zielbewußtsein. Das Kind ist reifer geworden und kann seine Enttäuschung in Worten ausdrücken, statt sich auf dem Boden zu wälzen und mit den Füßen um sich zu treten. Es beginnt zu ‹philosophieren›. Fünfjährige beschäftigen sich mit Vorliebe mit den großen Lebensfragen. Was ist eigentlich der Mensch?

«Mama, was findest du eigentlich am besten am Menschen?» fragte mein fünfjähriger Sohn feierlich. Nachdem er sich höflich meine Antwort angehört hatte, sagte er: «Ich finde, das Beste am Menschen sind seine Hände und Arme.» (Man kann auch an Kinderzeichnungen sehen, welche Bedeutung Kinder den Händen beimessen, sie zeichnen sie riesengroß.)

Ein andermal sagte mein Sohn: «Komisch, daß man Sachen, die gar nicht da sind, drinnen im Kopf sehen kann!» Er hatte entdeckt, daß wir ein Vorstellungsvermögen haben.

Beim Eislaufen grübelte er darüber nach, wie es möglich ist, daß die Schlittschuhläufer, die so langsame Beinbewegungen machen, viel schneller vorwärtskommen, als die Eishockeyspieler, die die Beine so schnell bewegen!

«Wo komme ich eigentlich her?» fragt das Fünfjährige, und: «Wer hat denn die Welt gemacht?» Aber es wartet nicht auf sexuelle Aufklärung oder eine Erklärung kosmischer Nebel. Es fragt: «Wo war ich, als du klein warst?» und möchte am liebsten hören, daß es damals auch schon mit dabei war.

Der Gedanke: ‹Es gab dich überhaupt noch nicht› ist allzu unbegreiflich, und es tut weh zu hören: ‹Wenn du stirbst, gibt es dich nicht mehr›. Es ist beruhigender, wenn man andeutungsweise etwa hört: «Bevor du hierher zu uns gekommen bist, gab es dich schon irgendwo und du sahst dir alle Menschen an, und dann hast du dir eine Mutter und einen Vater ausgesucht und bist hierhergekommen.» (Ist es nicht auch für die Eltern eine schöne Vorstellung, daß sich unsere Kinder gerade uns und niemand anders ausgesucht haben? Da müssen wir uns anstrengen und zeigen, daß das eine gute Wahl war.)

Wenn Kinder fragen, müssen wir genau zuhören. Wieviel wollen sie wirklich wissen? Wenn wir ihnen bildhafte Beschreibungen geben, mit denen sie ihre Phantasie bereichern, helfen wir ihnen, ihre Vorstellungskraft zu stärken. Wir hemmen sie dagegen, wenn wir ihnen Fotografien geben, die das Weltall oder eine Entbindung zeigen. Wenn das Kind fragt, wie es eigentlich in seinem Bauch aussieht, kann man lebhaft den großen Sack beschreiben, in den alles Essen kommt. Aber das Kind sollte sich kein Fernsehprogramm oder Buch ansehen, wo der Mensch in seine Bestandteile – innere Organe, Blutkreislauf, Muskeln etc. – zerlegt ist. Da tut ihm nur alles weh, und es macht sich Gedanken darüber, ob auch die verschiedenen Teile ordentlich festsitzen. Es wird ein kleiner Hypochonder werden. Die Phantasie soll mit lebendigen Bildern genährt werden, die es in seine Vorstellungswelt einfügen kann.

In diesem Alter pflegt auch großes Interesse für Buchstaben aufzutreten. Oft flaut das beim Sechsjährigen wieder ab, der sich lieber körperlich betätigt und im allgemeinen etwas unruhig ist. Das Interesse zeigt sich dann beim Schulkind wieder.

Ein Fünfjähriger, der viel Zeit mit Lesen verbringt, wird davon abgehalten, seine Erfahrungen selbst zu machen. Die Buchstaben können das Kind ebenso wie das Fernsehen so faszinieren, daß es länger stillsitzt, als es eigentlich will. Darauf folgt dann eine Reaktion der Übermüdung, die sich in Streitsüchtigkeit äußert.

Buchstaben sind zu abstrakt, zu tot, um für kleine Kinder anregend zu sein. Wir können das Kind nicht daran hindern, früh lesen zu lernen. Aber wir können darauf achten, daß es nicht stundenlang über Büchern und Zeitungen sitzt. Das Kind sollte viel Märchen erzählt bekommen und oft Gelegenheit haben, mit anderen Kindern herumzuspringen und zu spielen.

Später, wenn es schon einige Jahre in die Schule gegangen ist, kann es mit genauen und detaillierten Abbildungen seines Inneren etwas anfangen. Da will das Kind Abstand und Überblick gewinnen, kritisch sein.

Jetzt sind die Spiele davon geprägt, daß die Inspiration von innen heraus kommt. Das Kind hat deutlichere Vorstellungen bekommen, was es gestalten will. Die äußeren Umstände bestimmen nicht mehr im gleichen Maß wie früher den Verlauf des Spieles. Das Kind macht sich ein inneres Bild von all seinen Spielen.

Wenn man Kinder in dem Alter beim Spielen beobachtet, hört man, daß sie als erstes einen Plan entwerfen: «Wir spielen, daß du ein Onkel bist, der zu Besuch kommt und ich die Mutter, die mit ihrem Kind ausgehen will, und du hast einen Zylinderhut.»

Wenn alle wesentlichen Fakten festgelegt sind, sagt einer: «Jetzt fangen wir an» und das Spiel beginnt. «Klopf, klopf, klopf», sagt der ‹Onkel›, «jetzt komme ich rein: guten Tag, ist der Vater heute nicht zu Hause?» «Nein, er ist grade nicht da.» «Ach wie schade!»

Jetzt halten die Schauspieler inne, sie haben entdeckt, daß ihnen der Hut fehlt. Der Onkel sollte ja einen Zylinder haben. Sie rennen zur Kostümkiste und holen eine Mütze. «Die muß jetzt der Zylinder sein.» Dann machen sie eine richtige Probe der ganzen Episode wie im Theater. Nun entspricht das Spiel ihrer inneren Vorstellung.

Oft kommt es zu Konflikten, weil die Kinder verschiedene Meinungen darüber haben, wie ihr Spiel in Szene gesetzt werden soll. Bei kleineren Kindern ist die Grenze zwischen Spiel und sonstigen Betätigungen fließend. Aber jetzt hat das Spiel einen anderen Charakter bekommen, man kann es jetzt bewußt zu einem Ende bringen: «Nein, jetzt spielen wir aber was anderes!» Oder auch: «Wenn du nicht machst, was ich sage, hab' ich keine Lust mehr!» Wenn einem etwas nicht paßt, macht man nicht mehr mit.

Pia zeichnet

In ihren Bildern offenbaren Kinder vieles, was sie noch nicht in Worte fassen können. Wenn wir die Bilder deuten können, haben wir eine Möglichkeit, den Kindern zu helfen, wenn sie etwas beunruhigt. Aber es kann passieren, daß unser allzu deutlich gezeigtes Interesse an den Zeichnungen ihr Selbstbewußtsein wachruft, und dadurch evtl. die spontane Schöpferkraft gehemmt wird.

Wenn wir uns begeistert auf alles stürzen, was Pia zeichnet und es sofort an die Wand hängen, wird sie bald nur um unseretwillen Bilder malen. Es ist ja nicht das Ergebnis, das fertige Bild, das gelobt werden soll, sondern die Tätigkeit als solche. Es ist eine Freude, zu sehen, wie Pia das ganze Papier mit bunten frohen Farben vollmalt. Heben Sie gern charakteristische Blätter auf, aber ohne viel Wesens davon zu machen!

Wir fragen das Kind nicht aus, was das Gezeichnete bedeutet, denn da kann es sich womöglich gezwungen fühlen, etwas zu erzählen, was es eigentlich gar nicht empfindet. Aber wenn Pia von sich aus zu uns kommt und uns das Bild erklärt, hören wir natürlich zu. Wenn wir ihr jedesmal nur ein paar Bogen Papier geben, lernt sie, damit nicht unachtsam und verschwenderisch umzugehen.

Die sechsjährige Pia, die malen will, besinnt sich lange mit dem Wachsstift in der Hand: «Was soll sich denn malen?» Endlich entschließt sie sich: «Ich male ein Pferd, das über eine Wiese trabt.» Sie fängt also an und malt das Pferd braun und die Wiese natürlich grün. Sie ist realistisch geworden. Als Vierjährige noch konnte sie mit Begeisterung eine braune Sonne und lila Gras malen. Aber jetzt stellt sie enttäuscht fest: «Der gelbe Stift ist weg, ich kann keine Sonne malen!»

Pia kann auch ihr Bild kritisch betrachten und es unzufrieden zusammenknüllen: «Das ist nichts geworden.» Das Pferd stimmte nicht mit ihrer inneren Vorstellung eines Pferdes auf einer Wiese überein.

Spiel mit mir, Mutti!

Wenn Pia allein ist, versucht sie öfters, Mutter oder Vater in ihre Spiele einzubeziehen. Die Eltern bekommen eine Rolle, und Pia überwacht genau, daß nicht gegen die Regeln verstoßen wird. Man darf nicht einen Augenblick aus der Rolle fallen!

Manche Kinder können sich hierbei zu richtigen kleinen Tyrannen entwickeln. Die armen Eltern dürfen gar nicht mehr sie selbst sein. Außerdem ist die Wohnung ständig von einer Menge unsichtbarer Freunde bevölkert, auf die man sich nicht aus Versehen setzen darf. Andere Kinder erzählen endlose Geschichten von ihrer heimlichen Welt. Solche Phantasien sind Bilder von dem, was im Kind vor sich geht. Man sollte sie respektieren, aber es soll sich nicht alles darum drehen, wenn man mit dem Kind zusammen ist. Ich will ja mit meinem leibhaftigen Kind umgehen und nicht mit seinen unsichtbaren Freunden. Man sollte sich vielleicht auch fragen, ob die Tagträumereien nicht daher kommen, daß es sich nach Spielkameraden sehnt, oder aus dem Gefühl heraus, nicht geliebt zu werden.

Im allgemeinen stellen Eltern übertriebene Anforderungen an sich selbst. Sie glauben, sie müßten mindestens ein halbstündiges anspruchsvolles Unterhaltungsprogramm bieten, sobald das Kind sie bittet, mit ihm zu spielen. Die Antwort ist deshalb sehr oft nein. Wenn die Kinder daran gewöhnt sind, sich selbst zu beschäftigen, sind ihre Ansprüche erstaunlich gering. Die Mutter kann weiternähen und nur den Fuß von sich strecken, um den Verband angelegt zu bekommen, und Pia ist völlig zufrieden mit dem Krankenhausspiel. Oder es reicht vielleicht schon, daß ich beim Lesen ein gefährliches Grunzen von mir gebe, um das Kind völlig davon zu überzeugen, daß ich ein Wildschwein bin.

Meine Tochter Clara kam eines Tages zu mir herein, als ich gerade nähte, und sagte: «Mami! Wir spielen, daß du meine Mutter bist und ich dein Kind!» Wahrhaftig ein inspirierendes Spiel, dachte ich. Jetzt kam es wirklich darauf an, sich über alle Erwachsenenkonventionen hinwegzusetzen und nicht herauszuplatzen: «Aber ich bin ja deine Mutter!» Ich strengte mich kolossal an, und es gelang mir schließlich, die spannende Chance auszunützen, die sich erbot, wenn ich Mutter eines anderen Kindes wäre – eine ganz neue Situation! Ich verstellte also die Stimme, ließ die Brille auf die Nasenspitze herunterrutschen und spielte eine sehr strenge Mama. Clara war begeistert! Ich war wirklich eine andere Mutter!

Die Puppe als Spielkamerad

Die Töchter des Spielwarenhändlers hatten eine Menge schöne Puppen zum Spielen, wollten aber nichts von ihnen wissen und bevorzugten die ‹stinkige› alte Stoffpuppe aus Großmutters Zeiten!

Ein sechsjähriges Kind bekam eine große Plastikpuppe geschenkt, die sprechen konnte. Schon nach einigen Tagen war die Puppe auseinandergenommen und der Sprechmechanismus herausgeholt. Die leere Hülle wurde in eine Ecke geworfen, während der kleine Apparat ins Puppenbett kam, wo er auf rührende Art gehätschelt und gepflegt wurde.

Die meisten Kinder, die eine Plastikpuppe bekommen, spielen natürlich auch damit. Sie phantasieren und unterhalten sich damit genauso wie mit einer Stoffpuppe oder mit ihren anderen Spielsachen. Aber oft bekommt die allzusehr in ihrem Ausdruck festgelegte Plastikpuppe eine bestimmte Rolle und hat so nur ein begrenztes Register. Das gilt für alle Spielsachen mit sehr ausgeprägten Zügen.

Zum Beispiel haben ja alle feststehenden Typen etwas von einer Karikatur; sie können keine andere Rolle als ihre eigene spielen. Der Kasper ist nun einmal der Kasper und kann unmöglich die Repliken eines Zauberers übernehmen. Dagegen läßt eine Puppe, bei der die Gesichtszüge nur angedeutet sind, dem Kind größere Freiheit beim Spielen.

Eine verlorene Lieblingspuppe kann geradezu eine Tragödie sein, fast vergleichbar mit dem Verlust eines Familienmitglieds. Deshalb muß das Kind seinen Kummer über das Abhandenkommen innerlich überwinden und getröstet werden – und das nicht mit den munteren Worten: «Aber Kindchen, es war ja nur eine Puppe. Komm, wir kaufen dir eine neue!»

Würde man das zu Eltern sagen, die ihr Kind verloren haben? Aber wir trösten das Kind, wenn wir sagen: «Vielleicht wohnt deine Puppe jetzt bei einer anderen Familie und hat eine neue Puppenmutti. Wer weiß, ob zu dir nicht auch bald eine neue Puppe kommt, die dich braucht?»

Es gibt Kinder, denen man die Puppe nie ersetzen kann, aber vielleicht können sie ihre Gefühle auf ein lebendiges kleines Haustier übertragen. Andere Kinder können mit der Zeit eine Puppe liebgewinnen, die ganz anders ist als die alte. Für manche Kinder ist eine große Babypuppe ein herrliches Geschenk, besonders wenn sie gerade ein Geschwisterchen bekommen haben. Man kann für die Puppe das größte Muster nehmen (D, den Stoff doppelt genommen, vgl. S. 121 und 128). Sie kann richtige Babykleider erben, wenn man die Ärmel hochkrempelt und die Hosenbeine kürzt. Richtige Vaseline braucht sie dagegen nicht! Aber falls sie doch einmal eingecremt worden ist, kann das Unglück mit lauwarmem Wasser, Seife und Nagelbürste behoben werden. Die meisten Kinder kommen sehr gut mit imaginärer Chreme aus.

Wir können den Kindern auch helfen, eine einfache Puppenstube in einer Kiste oder dem Fach eines Regals einzurichten. Selbstgemachte Möbel aus Schachteln und Holzstückchen regen das Kind dazu an, selber Fehlendes zu ergänzen. Aus Knetbienenwachs kann man sehr hübsch kleines Geschirr formen. Bilder malt das Kind selbst und die Größeren können Teppiche auf einem Webrahmen weben.

Wenn das Kind ein phantastisches Puppenhaus mit Beleuchtung in allen Zimmern und unzähligen Details bekommt, glaube ich, daß es früher oder später die Puppen veranlaßt, mit ein paar Möbeln auszuziehen und sich statt dessen in irgendeinem Winkel anzusiedeln. Es ist für die Phantasie viel reizvoller, sich provisorisch einzurichten, als mit dem bereits fertigen Haus zu spielen. Diese wunderschönen Puppenhäuser sind vermutlich ein Produkt des Spieltriebs von Erwachsenen, für Kinder aber sind sie nur ein Guckkasten. Das Puppenhaus kann mit gewickelten Püppchen aus Wollgarn (Beschreibung S. 116) oder mit bekleideten kleinen Puppen, die aus einem Tuch geknotet sind, bevölkert werden. (Siehe S. 101).

Sinneseindrücke

Wenn ich einen Eindruck bekomme, drückt sich etwas Äußeres auf mein Inneres ein. Das Wort sagt schon, daß wir geprägt werden von dem, was wir sehen, hören, fühlen, riechen, schmecken, erleben. Die Sinneseindrücke und unser Vermögen, sie zu deuten, machen es uns möglich, uns im Leben zurechtzufinden. Deshalb ist es sehr wichtig, daß unsere Sinne nicht unnötigerweise abgestumpft werden, wie es leider allzuoft der Fall ist.

Es gibt Großstadtkinder, die Angst vor der Stille der Nacht haben. Sie wissen nicht, woher die verschiedenen Geräusche im Haus kommen und lassen sich deshalb davon erschrecken; z. B. wenn die Wasserleitung vom Nachbarn rauscht. Sie zucken bei jedem Laut in der Wohnung zusammen; ihr eigener Herzschlag und das Sausen des Blutes im Kopf macht ihnen Angst. Dies alles hören sie ja tagsüber nicht, weil es im Verkehrsgetöse, dem Lärm im Kindergarten oder gar der ununterbrochenen Geräuschkulisse von Radio und Fernsehen untergeht. Die Töne eines einzelnen Instruments – vielleicht einer Flöte oder die zarten Klänge eines Saiteninstruments – sind völlig ausreichend, wenn Kinder sich mit Musik anfreunden. Sie brauchen nicht ein ganzes Orchester! Unsere Sinne brauchen viel Zeit, um sich zu entwickeln. Wenn wir die Kinder anfangs mit einfachen und feingestimmten Eindrücken konfrontieren, erleichtern wir es ihnen, später komplizierte, starke Erlebnisse zu meistern. Dann gibt es ja bereits einen Grundstock eigener Erfahrungen! Es wäre demnach für das kindliche Gehör am besten, viele Lieder zu hören, gesungen von einer lebenden Stimme – und nicht auf dem Plattenspieler gespielt. Außerdem leichte Stücke auf einem einzigen Instrument.

Auch Erwachsene können einen sog. Kulturschock bekommen, wenn sie plötzlich in ein Milieu versetzt werden, wo ihnen alles fremd und unbegreiflich ist. Man kann völlig apathisch davon werden. Kinder müssen sich ebenfalls zurechtfinden, um Neues verkraften zu können. Das Ohr muß die Stille kennen, um das ganze Register von Lauten aufnehmen zu können.

◀ Ninni ist 30 cm groß, hat dünne Rattenschwänzchen und ist aus einem braunen Strumpf genäht. Die geliebte Puppe hört immer zu und läßt sich gern vom Kind beschützen.

Kleine Kinder imitieren oft gewisse Züge von Menschen, die ihnen nahestehen. Es gibt viele Beispiele dafür, daß ein Kind einen krummen Rücken machte, hinkte oder andere Symptome körperlicher Schäden zeigte, obwohl es sich bei der ärztlichen Untersuchung als ganz gesund erwies. Es hatte nur die Art imitiert, wie sich Vater oder Mutter bewegte.

Nicht nur Menschen, sondern auch das Lieblingsspielzeug, besonders eine Puppe oder ein Stofftier, kann Einfluß auf ein Kind ausüben. Dinge, die wir voller Liebe und Aufmerksamkeit betrachten, machen natürlich einen bleibenden Eindruck auf uns.

Wie der Herr – so der Hund.

Wenn ein Kind jeden Abend mit einer vollkommen seelenlosen, schlappen und haltungslosen Puppe vor Augen einschläft, trägt das sicher nicht dazu bei, daß es eine gerade, tadellose Haltung bekommt. Dagegen kann eine Puppe mit freundlichem, frischem Aussehen und einem festen, warmen Körper dem Kind zu größerer Stabilität verhelfen.

Sieht das Kind jeden Abend vor dem Schlafengehen auch nur eine Stunde fern, können wir sicher sein, daß es auch von den Vorbildern auf dem Bildschirm stark beeinflußt wird.

Spielsachen (für 5- bis 6jährige)

Einige Vorschläge:

- Puppen, aus einem Tuch geknotet, die das Kind auch selbst machen kann.
- Puppe zum Anziehen mit Kleidern, Wickelpuppe mit Windeln, Wiege.
- Eine ganze Familie für die Puppenküche, evtl. aus Wollgarn gewikkelte Püppchen.

- Einfache Puppenstube in einer Kiste oder dem Fach eines Regals.
- Selbstgemachte Puppenmöbel und Puppenservice.
- Knetbienenwachs, in Täfelchen erhältlich, gut im Geruch und schön in den Farben, ist ungefährlich. Man wärmt es in der Hand, formt es, und wenn es wieder hart geworden ist, hat man ein hübsches kleines Spielzeug. Das Wachs kann immer wieder benutzt werden.
- Nähkästchen mit Stoffresten, Nadel, Faden und Fingerhut.
- Baumwolltücher zum Bauen von Höhlen etc., Kostüme zum Verkleiden in einem Koffer.
- Wachsfarbstifte, Aquarellfarben, dicke Pinsel, große Papierbogen.
- Buntes Papier zum Ausschneiden, giftfreier Leim.
- Diverse Holzstückchen, kleine Holzrädchen, Stöckchen, Hammer und Nägel. Hilfe beim Sägen! Sandpapier, Feile, Holzleim.
- Stoff- und Holztiere, Klötze und Stäbchen für einen Pferch zum Bauernhof.
- Leere Schachteln und Dosen.
- Körbchen für verschiedene Kleinigkeiten.
- Schaukel.

Im Freien: Eimer, Schaufel, Rechen, Ball, Schubkarre, Handwagen, Leiterwägelchen, Hüpfseil, bunte Murmeln aus Ton, Schaukel an langen Seilen, Kreisel, Drachen, aus Papier gefaltete Flugzeuge.

Übrigens: Wenn sich zuviel Spielzeug angesammelt hat, sollte man ab und zu auch wieder etwas ausrangieren.

Das Schulkind

Die Phantasie entfaltet sich

Wenn das Kind schulreif wird, geschieht eine unerhörte Verwandlung mit ihm. Es streckt sich gewissermaßen und sieht uns bewußter in die Augen. Praktisch alle Zellen seines Körpers haben sich regeneriert, es kommen neue Zähne. Die Individualität des Kindes hat sich einen ‹eigenen› Körper geschaffen, in dem es weiterwächst.

Es folgt nun eine zweite Siebenjahresperiode bis zur Pubertät, in dieser Zeit entwickeln sich u. a. das Gedächtnis, die Phantasie und das Gefühl. Jetzt erwacht die Neugierde auf das Leben außerhalb der Familie und des Kindergartens. Das Kind will seine Kräfte erproben und neuen Autoritäten gegenüberstehen. In dieser Zeit verfügt es über eine verschwenderische Phantasie und ist für alle Bilder aus Märchen, Fabeln, Legenden und Mythen dankbar.

Unseren Körper beherrschen wir wohl nie mehr in unserem Leben mit solcher Vollendung wie in den Jahren zwischen Schulbeginn und Pubertät. Das Schulkind schlittert und klettert mit einem perfekten Sinn für Balance. Der eigene Körper wird zum Instrument, auf dem die Kinder spielen; sie sind Musiker, die die seltsamsten Klänge aus sich herauslocken.

In diesem Alter ist der Mensch auch am wißbegierigsten – alles Neue wird förmlich aufgesogen. Das Kind sammelt Fakten und hat ein fabelhaftes Gedächtnis. Manche Kinder haben spezielle Interessengebiete und kennen bald alles Wissenswerte, sei es über die Ankunfts- und Abfahrtszeiten des Einsenbahnfahrplans, die Vogelarten des Landes oder über Tiere, die von der Ausrottung bedroht sind. Manche sammeln Briefmarken, andere erfinden besondere Regeln oder Geheimsprachen, wieder andere heben jedes Etikett und jede Fahrkarte auf.

Die eingehenden Kenntnisse, die das Kind dabei erworben hat, kommen ihm dann bei den Schöpfungen seiner Phantasie, beim Modellbau, bei Zeichnungen und Entwürfen, beim Basteln von Miniaturortschaften zugute. Das Sammeln und Ordnen dient dem Kind dazu, Überblick zu gewinnen.

In der Pubertät, wo man weder mit sich selbst noch mit seiner Umgebung zufrieden ist, gehen gewöhnlich viele dieser Fähigkeiten zeitweise wieder verloren. Da wird der junge Mensch kritisch und bekommt größeren Abstand zu den Dingen. Man fühlt sich nicht mehr wohl in seiner Haut, der eigene Körper ist ständig im Weg. Mal ist man ausschließlich mit sich selbst beschäftigt, dann wiederum grübelt man endlos nach über die Weltlage und die Gefahren, die der Menschheit drohen. Das hindert einen daran, sich mit derselben ungeteilten Konzentration wie früher etwa in die Schularbeiten zu knien.

Sobald das Kind in die Schule kommt, fängt es an, sich mit den anderen zu vergleichen. Es gilt, sich in die Gruppe einzuordnen und mit den anderen Schritt zu halten. In der Pause wird nach Regeln gespielt, die man selbst aufgestellt hat, und wer zu spät kommt, darf nicht mitmachen. Da ist man oft strenger als der Lehrer.

Nur die Kühnsten wagen es, sich über die gemeinsamen Beschlüsse hinwegzusetzen. Ist man ein wenig schüchtern, getraut man sich nicht, darauf zu bestehen, daß man auch mitspielen will. Der Erwachsene kann solchen Kindern zu Hilfe kommen, indem er ab und zu Spiele anordnet, bei denen alle teilnehmen.

Wenn man erst einmal entdeckt hat, daß man zu Ball- und Hüpfspielen Regeln machen kann, werden bald die verschiedenartigsten Vorschriften erfunden. Schulkinder können in wilden Streit darüber geraten, ob dies oder jenes erlaubt oder verboten sei.

Bald gibt es Regeln für nahezu alles: Man muß durch die Ausgangstür in den Bus einsteigen. Man muß auf der äußersten Trottoirkante balancieren und jeden Morgen auf dem Schulweg einen geheimnisvollen Umweg machen. Man muß beim Murmelspiel soundsoviele Kugeln einsetzen und beim Seilhüpfen einen gewissen Reim aufsagen. Man macht sich beliebt, wenn man Sachen zum Tauschen dabei hat und mit den anderen nach strengen Marktgesetzen tauschen kann.

Das Schulkind ist sich jetzt im klaren darüber, daß es Regeln gibt, in die wir uns fügen müssen, damit ein Zusammenleben vieler Menschen möglich ist. Kinder üben soziales Verhalten in ihren Spielen.

Peter zeichnet

Wenn das Kind in die Schule gekommen ist, verlieren seine Bilder oft etwas von ihrer früheren Kraft und Kühnheit. Peter schielt nach der Zeichnung des Nachbarn und paßt sich den geltenden Normen an: dies ist schön und das ist häßlich! Er strengt sich nun an, so zu malen wie ein älterer Kamerad, den er bewundert. Jetzt braucht er alle erdenkliche Ermunterung, um beim Zeichnen und Malen aus sich herausgehen zu können.

Beim Anblick einer schönen Aussicht kann Peter jetzt begeistert ausrufen: «Oh, wie schön!» Früher hätte er nur gesehen, wie die Wolken über den Himmel zogen, oder er hätte in der Ferne ein sich langsam fortbewegendes Auto entdeckt. Jetz kann er beim Betrachten die Schönheit der Landschaft genießen. Deshalb ist er auch seinen eigenen Werken gegenüber so kritisch geworden. Er kann jetzt Vergleiche anstellen. Beim Zeichnen bemüht er sich, die Perspektive richtig zu treffen.

Peter kann auch schon ganz gut ein Gesicht und den ganzen Menschen wiedergeben. Er weiß jetzt, wie ein Gesicht aussieht und fängt bald an, sein Wissen spielerisch anzuwenden.

Was die Entwicklung der Sprache und des Verstandes anbelangt, ist er mit neun Jahren soweit, daß er Lustiges treffend erzählen kann und die Pointe eines Witzes versteht.

Spiel mit Puppen im Schulalter

Kinder, die vielleicht früher nicht soviel mit Puppen gespielt haben, können nun plötzlich großen Gefallen daran finden. Sie lassen die Puppen einen Schulausflug machen, nehmen sie überall mit hin und wünschen sich Sachen für die Puppe. Sie bringen sie jeden Abend zu Bett, ehe sie sich selbst hinlegen. Es werden eine Menge Kleider genäht und andere winzige Puppensachen gefertigt.

In den Geschäften bekommt man Barbie-Puppen, Cindy-Puppen, Active Man, und wie sie sonst alle heißen – diese Mannequins mit ihren fadendünnen Beinen oder kompakten Muskelpaketen, ihren toten Fischaugen und ihrer widerwärtigen Haut aus Vinyl. Sie haben tausend Accessoirs, Sportkleider, Pferd, Swimmingpool, Toilettentisch, Raumfahreranzug, Taucherausrüstung, Rennwagen und sonstige Statussymbole. Sie vermitteln eine Lebensanschauung, die man wirklich in Frage stellen muß.

Wenn Peter solche Puppen nicht bekommen soll, können wir als Alternative die kleinste Puppe zum Anziehen in diesem Buch machen. – Größe A. Das ist eine nette kleine Puppe, und Peter kann uns sogar beim Nähen helfen. Wenn man der Puppe das Haar aus dünnem, starkem Kammgarn oder aus ganz dünner Baumwolle macht, ist sie leicht zu frisieren.

Auch Kinder, die sich zum Puppenspielen eigentlich zu groß vorkommen, können viel Spaß dabei haben, dem Püppchen Kleider zu nähen und sich Abenteuer für es auszudenken. Nicht einmal der wildeste Bub braucht sich zu schämen, eine Puppe auf dem Bett sitzen zu haben, die er selbst genäht hat.

Kinder ab etwa zehn Jahren können alle Puppen selbst machen, die hier im Buch beschrieben sind, wenn sie ein wenig Hilfe dabei bekommen. Die großen Anziehpuppen sind am schwersten zu machen – das gilt besonders für die Proportionen und das Zusammennähen der verschiedenen Teile. Aber Schulkinder gehen meist ohne Zögern an die Sache ran und fragen nicht: «Ist es so richtig?», wie es Erwachsene tun, die zum ersten Mal eine Puppe machen. Sie nähen einfach drauflos und erzählen unbekümmert dabei, daß sie nicht die Absicht hätten, den Kopf abzubinden, das sei ihnen viel zuviel Arbeit, oder daß Füße eigentlich überflüssig seien, nicht wahr? Genauso kann man nach dem verkleinerten Schnittmuster im Buch klitzekleine Püppchen zum In-der-Tasche-Tragen nähen.

Eltern machen oft sehr unpassende Bemerkungen. Wer erinnert sich nicht an solche Begebenheiten aus seiner Kinderzeit! Ersparen wir also unseren Kindern, so etwas hören zu müssen, wie: «Du bist doch jetzt wirklich groß genug, daß du diese schreckliche, schmutzige alte Puppe nicht mehr ständig mit dir 'rumsschleppen mußt!» Lassen Sie Peter lieber selber zu der Einsicht kommen, daß die Kindheit nun hinter ihm liegt. Sein Vertrauen zu uns kann ins Wanken geraten, wenn wir ihn dazu zwingen, seine geliebte alte Puppe in den Mülleimer zu werfen. Solange seine Seele auch nur noch ein kleines bißchen an ihr hängt, kann er sich nicht ohne Schmerz von ihr trennen.

Eines Tages merkt er selbst, daß die Puppe leer ist, daß der Schmetterling ausgeschlüpft ist. Dann wird er den Vorschlag machen, daß wir sie verschenken oder einmotten.

Sinnvolle Beschäftigungen

In anderen Kulturen hat der Siebenjährige oft schon teil am Leben der

Erwachsenen. Er muß je nach Vermögen schon durch Erfüllen kleiner Pflichten zur Versorgung der Familie beitragen.

In den Ländern, wo Wohlstand herrscht, werden Kinder nicht zu Diensten herangezogen, was ja sowohl positive wie negative Seiten hat. Es ist natürlich ein Segen, daß die Kinderarbeit der Vergangenheit angehört, wo kleine Kinder bei schwerer Fabrikarbeit ausgenutzt wurden. Ihre Gesundheit wurde ruiniert und sie wurden ihrer Kindheit beraubt. Es ist allerdings ein Nachteil, wenn es so weit kommt, daß die Kinder von den ‹wichtigen› Angelegenheiten der Erwachsenen ausgeschlossen und in eine unnütze Kinderzimmerwelt abgeschoben werden. Aber in unseren mechanisierten Wohnungen ist es nicht so leicht, passende Beschäftigungen für die Kleinen zu finden. Viele praktische Tätigkeiten, die ihnen Spaß machen, sind in unbegreifliche mechanische Vorgänge verwandelt oder streng verboten, weil es gefährlich ist.

Wie soll denn Peter ganz selbstverständlich in die Gesellschaft hineinwachsen? Wie soll er unsere Verantwortung für das tägliche Brot und ein Dach über dem Kopf teilen? Ich glaube, es ist eine wichtige Aufgabe für uns Erwachsene, Beschäftigungen zu finden, bei denen Peter mithelfen kann, allen Maschinen zum Trotz. Wir können ihn Wollsachen mit der Hand waschen, Teig rühren, Sahne schlagen und Gemüse schneiden lassen. Beim Einkaufen kann er sagen, was wir brauchen. Vielleicht kann er selbst ein oder zwei Sachen im nächsten Geschäft einkaufen. Er kann sich als Koch versuchen, wenn wir ihm die nötigen Instruktionen geben und kein Aufhebens davon machen, wenn ihm etwas mißlingt.

Manche Kinder sind realistisch veranlagt und beschäftigen sich gern praktisch; wenn man sie um etwas bittet, machen sie es gern und mit wichtiger Miene. Andere wiederum sind phantasiebegabte Bohemiens, die nur tun, was ihnen einfällt.

Die meisten Kinder reagieren empfindlich auf Zwang – sie können ‹demokratische› Bestimmungen (wie z. B.: alle Familienmitglieder machen ihr Bett selber, oder: du spülst einmal in der Woche, denn das mache ich auch) absolut nicht begreifen. Ein Dreijähriger versteht so etwas einfach noch nicht. Aber es macht ihm Spaß, mit dabei zu sein, wenn die Mutter spült. Diese Freude und Gewohnheit können die Folge haben, daß Peter mit acht Jahren ein sehr hilfsbereiter kleiner Junge geworden ist.

Es gibt eine Kategorie Spielsachen, die Kinder sehr oft enttäuscht. Das sind kleine Werkzeuge, Musikinstrumente, Töpfe, Ferngläser usw. zum Spielen, die so realistisch aussehen, daß das Kind glauben muß, sie seien wie richtige Sachen zu gebrauchen. Wenn Peter zu sägen anfängt, erlebt er eine große Enttäuschung: die Spielzeugsäge biegt sich und ist außerdem völlig stumpf. Und der Puppenkochtopf, der so echt aussah, riecht nach verbrannter Farbe, wenn man ihn auf den Herd stellt.

Da macht es viel mehr Spaß, richtiges Werkzeug und richtige Töpfe und Musikinstrumente zu bekommen. Natürlich nicht gar so viele Werkzeuge wie die Erwachsenen haben – denn man muß sich ja später noch etwas wünschen können – aber solide und haltbare Sachen.

Über ein Kästchen mit Nadel, Faden, Schere und ein paar hübschen Stoffen freut man sich sehr, wenn man Puppenkleider nähen will. Oder auch über eine einfache Flöte oder Mundharmonika, um Musik zu machen.

Kriegsspielzeug

Auf dem Spielplatz lief ein kleiner Dreikäsehoch herum und schoß mit einem riesigen Revolver, der so laut knallte, daß die anderen Kinder in ihrem Spiel innehielten und ihn anstarrten. Ein paar von den Kleineren bekamen Angst. Die Mutter des Jungen war ratlos. Er hatte ja solange gebettelt und war sogar nachts aufgewacht und hatte nach einer Pistole gerufen! Jetzt schoß er damit auf andere Kinder. Es war kein angenehmer Anblick.

Was macht man in so einer Situation? Könnte ein Verbot gegen den Verkauf von Kriegsspielzeug die allgemeine Einstellung dazu ändern? Ich glaube, daß folgender Aspekt noch wichtiger ist: Es ist ja schon passiert, daß mit Hilfe von Spielzeugpistolen Flugzeuge gekapert und

◀ Dieses Püppchen (20 cm) ist für Schulkinder empfehlenswert. Sie können selber Kleider nähen für die Puppe, die eine weiche und anschmiegsame Alternative darstellt zu den dünnen, steifen und statussymbol-orientierten Barbie-Puppen und Active Men.

Banken ausgeraubt wurden. Sie sind also gar nicht so harmlos. In unserer überspannten Zeit kann es geradezu gefährlich sein, mit einem Spielzeugrevolver herumzufuchteln. Meiner Meinung nach sollte man seinen Kindern fest einprägen, *niemals* mit etwas auf einen Menschen zu zielen, was einer Waffe auch nur im Entferntesten gleicht. Man kann ja auf eine Zielscheibe schießen oder spielen, daß man auf die Jagd geht, um etwas für den Kochtopf zu schießen, aber nie soll man einander mit Waffen bedrohen.

Man hört oft die Meinung, alle Kinder spielten Krieg, das sei natürlich; aber das finde ich falsch. Nur Kinder, die in einem Land wohnen, das von Krieg heimgesucht ist, brauchen Krieg zu spielen, um ihre schrecklichen Erlebnisse zu verarbeiten. Wachsen sie dagegen in einer friedlichen Umgebung auf, so haben sie doch keinen Anlaß, sich gegenseitig zu bekriegen! Was sie jedoch brauchen, ist Spannung – sich heimlich anschleichen, in nächtlichem Dunkel durch Büsche und Höhlen kriechen oder auf den Speicher gehen, wo es so gespenstisch knarrt.

Kinder, die durch das Fernsehen ständig mit Gewalt konfrontiert werden, müssen das natürlich noch einmal durchspielen, um diese Eindrücke verkraften zu können. Aber selbst wenn sie nur friedliche Programme sehen – ‹niedliche› Kinderfilme –, staut die Fernsehsituation als solche, das passive Starren auf die Mattscheibe, auf die Dauer die Energie auf, die dann oft in unkontrollierte oder aggressive Aktivität ausbricht.

Der Jahresrhythmus

Kinder wollen sich so gerne nach etwas sehnen und die Vorfreude auf etwas auskosten. Bei den alljährlichen Festtagen ergeben sich gute Gelegenheiten, es sich zu Hause ein wenig extra spannend und nett zu machen.

Wenn die Eltern zum Inhalt der Weihnachts- und Osterfeier kein inneres Verhältnis haben, kann man vielleicht andere jährlich wiederkehrende Feste feiern, z. B. Geburtstage.

Bei der Feier kann sich das Geburtstagskind äußerlich durch eine Kleinigkeit von den anderen unterscheiden. Es bekommt z. B. einen besonderen Geburtstagsstuhl, der eigens zum Feststuhl ernannt und an den Tisch gerückt wird, oder einen schönen Kranz ins Haar. Wenn es Winter ist, kann man einen aus Seidenpapier oder Filz herzaubern. Das Geburtstagskind wird von den anderen bedient und darf sich sein Lieblingsessen zu Mittag wünschen. Morgens wird es mit Gesang und Mundharmonikaspiel oder mit einem Kanon geweckt: da finden die Kinder, daß auch die Geburtstage der anderen wunderschön sind. Man kann jeden Frühling und Herbst Ausflüge zu einer bestimmten Stelle machen und dazu auch seine Freunde einladen. Man brät Wurst und Äpfel über offenem Feuer und übernachtet im Schlafsack.

Die Zeit vor Weihnachten, wo Großreinemachen stattfindet, gebacken und mit Papier geraschelt wird, wo man Reime schmiedet, um sie auf die Geschenkpakete zu schreiben, ist vielleicht die schönste Zeit für die Kinder. Daß die Wohnung durch den Weihnachtsschmuck ein Festkleid bekommt, läßt die Kinder sie mit neuen Augen sehen. Ein langes Jahr ist vergangen. Das Kind weiß: letztes Jahr konnte ich die Pfefferkuchen noch nicht vom Tisch aufs Backblech legen – dieses Jahr kann ich es. Letztes Jahr reichte ich noch nicht auf den Basteltisch hinauf – aber dieses Jahr! Die Freude an der Vorbereitung von Überraschungen ist groß, und die Erwartung, selbst etwas zu bekommen, ebenfalls.

Weihnachts- und Geburtstagsgeschenke zu machen, kann ein Schulkind eine Anzahl von Stunden beschäftigen. Mit Knetwachs kann man hübsche Sachen machen, z. B. weiße Kerzen mit Mustern und Figuren verzieren. Das geht so schnell, daß die Kinder nicht ungeduldig dabei werden, und das Resultat ist wirklich schön. Auch Bilder, die man am Fenster aufhängt, aus Seidenpapier, auf Butterbrotpapier aufgeklebt und mit einem Rahmen aus weißem Papier versehen, können sehr hübsch werden.

Im Kindergarten kann der Wechsel der Jahreszeiten zu vielen Beschäftigungen inspirieren. Man wählt Lieder, die zu Frühling, Sommer, Herbst und Winter passen. Zur Erntezeit mahlt man Korn und bäckt Brot. Zur Adventszeit zieht man Kerzen, im Frühling macht man kleine Vogelnester usw. So bekommen die Kinder eine Verankerung im jährlichen Kreislauf der Natur, was ja besonders Großstadtkindern oft fehlt.

Spielsachen (für Kinder im Schulalter)

Vorschläge:
- Die kleine Stoffpuppe, Größe A, mit Kleidern.
- Nähsachen und Stoffe.
- Die Sammlung in der Kostümkiste kann mit Schleiern, Hüten und Gürteln ergänzt werden.
- Schminke: Wachsstifte (Gesicht vorher eincremen!)
- Puppen für die Puppenstube, geknotete oder aus Wolle gewickelte.
- Mehr Hausrat verschiedener Art für die Puppenstube.
- Bienenwachs zum Kneten; daraus können Kinder unendlich viel machen.
- Wachsfarbstifte, Aquarellfarben, dünnere Pinsel, Farbstifte.
- Buntpapier verschiedener Art.
- Holzklötze und Rädchen, ein paar richtige Werkzeuge, einen sicheren Aufbewahrungsort dafür, Unterweisung, wie man sie in Ordnung hält und schleift.
- Lederreste, Fellstückchen, Textilleim.
- Schnur.
- Tiere aus Stoff und Holz.
- Musikinstrumente.
- Webstuhl, Strick- und Häkelnadel, Garn.
- Leere Kartons – daraus kann z. B. ein kleines Theater mit Figuren aus Pappe entstehen.

- Einfache Spiele: z. B. Mensch ärgere dich nicht, Domino, Mikado, Halma, Solitaire.

Im Freien: Drachen, Baumhaus, Seifenkistenrenner, Schaukel an langen Stricken, ein eigenes Beet im Garten, Schiff, Flugzeug etc.

Puzzlespiele können Kinder selber machen: man malt ein Bild mit Wasserfarbe auf Sperrholz. Die Teile werden umrandet, dann wird das Brett lackiert und zuletzt mit der Laubsäge ausgesägt. Mit kniffligen Modellbaukästen wartet man am besten, bis die Kinder lange stillsitzen und mit den kleinen Teilchen puzzeln können.

Vor giftigem Leim wird gewarnt!

Ein Märklinbaukasten ist ein wunderbares (und teures) Geschenk für einen 9–10jährigen. In diesem Alter kann auch in Zinn oder Gips gegossen oder etwas aus Lehm geformt und dann zum Brennen gegeben werden.

Alles ist fix und fertig – nun spiel' mal schön!

In der Welt der Erwachsenen geht die Initiative zur Arbeit und zu anderen Tätigkeiten oft nicht von uns selber aus. Wir produzieren zum großen Teil Waren und Dienstleistungen für andere, nicht für uns selbst.

Die Arbeit des Kindes ist das Spiel. Aber man kann es mit Arbeit nur insofern vergleichen, als es seine ernsthafteste und wichtigste Beschäftigung ist. Das Kind spielt nicht um anderer willen, sondern aus einer inneren Notwendigkeit heraus.

Häuschen bauen

Das Wesentliche am ‹Häuschen Bauen› ist das Improvisierte, das Heimliche. Das sollten Innenarchitekten wirklich beim Planen von Spielhäusern in Wohnungen und Kindergärten beachten und nicht fix und fertige Häuschen mit Schaumgummipolsterung und Vorhängen hinstellen.

So ein Häuschen hat seinen Sinn verfehlt, denn es macht ja keinen besonderen Spaß, sich gerade da zu verstecken, wo einen alle vermuten. Da kann man doch nicht spielen, daß man ein verlorenes Waisenkind ist, um das es einem wirklich leid tun kann. Wenn doch alle genau wissen, wo man steckt, ist es schwer, sich die Verzweiflung vorzustellen, in die alle geraten, wenn sie entdecken, daß man verschwunden ist. Wenn das Kind sich in seinem Versteck in der Besenkammer oder auf dem Speicher verkrochen hat, denkt es sich aus, wie es wäre, ganz mutterseelenallein auf der Welt zu sein und selber mit allem fertig werden zu müssen oder auszureißen und als blinder Passagier im Laderaum eines Schiffes versteckt zu sein. Es ist zu Hause bestens aufgehoben, und doch bildet es sich ein, spurlos verschwunden zu sein. Es versucht sich darüber klarzuwerden, was es für eine Rolle in der Familie spielt, wer es eigentlich ist und wie die anderen es sehen. Das kann es nur, wenn es einen Platz gefunden hat, von dem niemand ahnt, daß es ein heimliches Häuschen ist!

Imitation der Wirklichkeit

Wenn man in ein Spielwarengeschäft geht und das Angebot einer genauen Musterung unterzieht, kann man sich wirklich fragen, was von alledem eigentlich für freies, schöpferisches Spiel taugt.

Kinder sind ja Gott sei Dank nicht so beschränkt, wie wir glauben. Sie können sogar davon absehen, daß das Spielauto wie die haargenaue Miniatur des wirklichen Automodells aussieht. Verwenden die Fabrikanten eigentlich nicht viel zuviel Mühe darauf, ihre Spielzeugmodelle zu genauen Kopien richtiger Autos zu machen? Ja, denn wenn sie nicht bis ins kleinste Detail wirklichkeitsgetreu sind, macht der Autofabrikant ihm unter Umständen Schwierigkeiten. Ich finde, daß vieles von dem, was im Spielwarenhandel angeboten wird, aussieht wie so eine Art Trostpreis für die Kinder als Kompensation dafür, daß die armen Kleinchen eben noch nicht groß sind. Sie bekommen niedliche Miniaturen von den schneidigen Besitztümern der Erwachsenen, um sich damit zu amüsieren, während sie darauf warten, selber groß zu werden. Kinder spielen aber, um sich zu entwickeln, um ihre Sinne zu schärfen, um zu wachsen und zu vielseitigen Persönlichkeiten heranzureifen.

Die kleine Sophie hat einen ganz ‹echten› kleinen Staubsauger für Kinder bekommen. Er ist aus Plastik und saugt richtig, und niedliche kleine Papiersäckchen zum Einsetzen sind dabei. Glaubt der Hersteller, daß Sophie ihre Phantasie überanstrengt, wenn sie nur so tut, als ob ihr Gerät Staub saugt? Warum spielt sie denn eigentlich, daß sie staubsaugt – etwa, weil sie das Zimmer schmutzig findet, oder weil sie in den Erwachsenen Vorbilder sieht und alle ihre Bewegungen nachahmen will? Manchmal will Sophie wirklich saubermachen. Da kann sie ohne weiteres den richtigen Staubsauger benutzen und sich auch über das Resultat ihrer Bemühungen freuen.

Dann wieder kann es vorkomnmen, daß Sophie eine Mutter ist, die saubermacht. Erst saugt sie und fährt dabei heftig herum, beugt sich nieder, um unter das Bett zu sehen, wie es die Mutter immer tut. Sie hebt dies und jenes hoch und räumt herum. Dann spült sie ab und wäscht, alles mit rasender Geschwindigkeit. In dem Tempo könnte man das gar nicht sauber bekommen! Aber sie hat ja auch keine solchen Ambitionen, sondern spielt nur die Rolle der Mutter, die putzt.

Der Künstler

Stellen Sie sich einen Künstler vor, der an einem Motiv arbeitet. Er hat eine Vorstellung von dem, was er darstellen will, und macht Skizzen. Da kommt ein guter Freund herein, stellt sich hin und sieht eine Weile zu. Dann verläßt er raschen Schrittes das Atelier und kommt nach einer halben Stunde wieder mit einem fertigen Ölgemälde zurück. Das Gemälde hat ein ganz ähnliches Motiv wie das des Künstlers! «Hier. Sieh' mal, was ich dir gekauft habe! Das schenk' ich dir, damit du dich nicht mehr so plagen mußt!» sagt der gute Freund großzügig und erwartet Dankbarkeit und Freude von dem Beschenkten.

Und der Künstler, was macht der? Er schlägt dem ehemaligen Freund natürlich die Gabe auf den Kopf. Oder, falls er eine introvertierte und unsichere Natur ist, zerreißt er womöglich seine eigenen Skizzen und läßt sie in den Papierkorb fallen und gibt zu, daß er etwas anderes hätte werden sollen als Maler. Muß nicht das Kind, das bislang mit Begeisterung gespielt hat, ein Stück Schnur sei das Telefonkabel und ein Schuh der Hörer, genau dasselbe empfinden, wenn es ein fertiges Spieltelefon aus Plastik bekommt?

Das Kind ist ein Künstler! Wir sollten sein Streben, die Welt zu gestalten, mit Respekt betrachten.

Der kleine Sammler

Vor einiger Zeit suchte ich in einem Spielwarengeschäft nach gewöhnlichem weißen Papier in großen Bogen – was es nicht gab. Da kam eine Dame herein, die etwas zum 6. Geburtstag ihres Enkels suchte. Sie ließ die Augen rasch an den Spielzeugautos entlanggleiten, die eine ganze Regalwand füllten. Sie schien sehr genau über die verschiedenen Modelle Bescheid zu wissen. Enttäuscht wendete sie sich an die Verkäuferin: «Gibt es sonst nichts?» fragte sie.

«Nein, leider nicht, aber es müßte doch hier etwas dabei sein, bei der Auswahl?»

«Haben Sie nicht den neuen großen Krankenwagen mit richtiger Sirene, der aus den USA kommt und ab Herbst auf Lager sein soll?» fragte die Dame.

«Nein, der ist leider noch nicht da, aber wie wäre es mit einem anderen Krankenwagen ... Sehen Sie, hier hätten wir einen sehr schönen in Plastik, mit richtiger Bahre», bemühte sich die Verkäuferin.

Die Großmutter blickte gedankenverloren auf den Krankenwagen und sagte resigniert: «Nein, wissen Sie, mein Enkel hat den schon und auch alle anderen Modelle hier ... er möchte so gern ein ganz neues Auto haben!» Die Verkäuferin und ich starrten die Oma ganz sprachlos an. Ich murmelte, daß man dem Knaben vielleicht ein Holzauto verehren sollte, das sich in aller Ewigkeit in jedes erdenkliche neue Modell verwandeln könne. Aber der Vorschlag kam nicht an. Dieser Junge war ganz offenbar ein Opfer unserer modernen Verbrauchergewohnheiten. Er war vom Künstler zum Sammler geworden. Sein Zimmer war Museum statt Atelier.

Meinen Kinder alles wörtlich?

An einem anderen Tag ging ich wieder in einen Spielwarenladen und sagte, daß ich einen kleinen Omnibus aus Holz, ganz schlicht in der Ausführung, suchte, ganz einfach also einen Bus. Der Verkäufer runzelte fragend die Stirn und führte mir eifrig all die einzigartigen, neuesten Bus-Modelle vor, die er auf Lager hatte. «Und hier hätten wir einen Volvo, sehen Sie mal, wie echt der aussieht! Sogar von Volvo genehmigt! Sieht haargenau aus wie das Vorbild, bitte vergleichen Sie, da draußen fährt gerade einer vorbei!» «Aber ich möchte einen *Bus,* wissen Sie, ein längliches Holzstück mit Rädern drunter, etwas, das das Charakteristische bei einem Bus hervorhebt, ohne eine

Menge Details!» sagte ich. Der Verkäufer sah mich an, als ob ich eine geradezu geschmacklos naive Bemerkung von mir gegeben hätte.

«Du liebe Güte, Sie glauben doch nicht etwa, daß man sowas verkaufen kann – das müssen *richtige* Sachen sein!» rief er aus. «Wieso kann man das nicht verkaufen?» wollte ich wissen. «Nein, nein, die Kinder wollen richtige Automarken, das ist doch klar! Die Kinder *wollen* das einfach!» versicherte er eifrig.

Ich bedankte mich und ging hinaus.

Die Kinder wollen das . . . Meinen Kinder eigentlich immer alles ganz wörtlich, was sie sagen? Wissen sie immer ihr eigenes Bestes? Da wären Eltern doch überflüssig, oder? Ein Kind kann behaupten, es sei gesund und wolle hinaus, obwohl es 39 ° Fieber hat. Müde Eltern denken oft: Ich kaufe ihm halt das Auto, wenn er es so gern haben möchte, dann gibt es wenigstens kein Geschrei. Aber das Kind ist im Innersten enttäuscht über das fehlende Engagement der Eltern. Und daher will Sophie jedesmal ein Auto zum Trost, wenn sie sich langweilt.

Wäre es nicht besser, ihr ein kleines Bild zu zeichnen, ihr eine einfache Puppe aus einem Taschentuch zu knoten oder ihr mit etwas zu helfen, was sie selbst machen will? Wir sind keine Unmenschen, wenn wir sagen: «Nein, das Auto bekommst du nicht», jedenfalls nicht, wenn wir hinzufügen: «Aber wenn wir nach Hause kommen, machen wir was Schönes zusammen.»

Das Kind als Konsument

In den Geschäften werden Spielsachen zum Verkauf angeboten. Sie sind für Kinder gemacht, die sie also bekommen sollen. Manchmal haben Kinder kein Geld, da kaufen ihnen Erwachsene Spielsachen. Wenn sie Geld haben, kaufen sie sich selber welche.

Kinder haben verschiedene Wünsche. Also kann man viele verschiedene Dinge kaufen. Aber da müssen die Kinder ja auswählen, was sie haben wollen. Doch Kinder können nicht wählen – sie wollen *alles* haben! Wenn man sie fragt, ob sie sich das Boot oder den Zug wünschen, bekommt man die Antwort: *beides!*

Hat man vorher genügend betont, daß sie nur das eine bekommen, wünschen sie sich eins davon. Aber sie treffen dabei keine Wahl, sondern sagen etwas auf gut Glück. Sie hoffen, daß sie mit dem Boot zufrieden sein werden und wissen nicht, ob sie ihre Wahl nicht schon beim Heimkommen bereuen. Sie wollen nämlich immer noch beides haben!

Sobald Sophie mit dem Boot nach Hause kommt, fängt sie an, von dem Zug zu träumen: «Du, Mami . . . vielleicht bekomme ich das nächste Mal den Zug?» Da finden wir sie undankbar. Wenn wir unbedingt das Vermögen unserer Kinder, zwischen zwei Dingen zu wählen, üben wollen, ist es besser, z. B. so zu sagen: «Was möchtest du zuerst essen, das Käsebrot oder das Wurstbrot?» Hier bedeutet die Wahl nicht den Verzicht auf eines der Brote. Bei der Wahl zwischen Alternativen dagegen, wo das Kind nur eine Sache bekommen kann, ist es humaner, daß der Erwachsene, mit seinem Wissen um das Kind, die Wahl trifft.

Das Kind lebt so intensiv im Jetzt, daß es seine zukünftigen Gefühle nicht voraussehen kann, nicht einmal eine Stunde lang. Vielleicht erweist man Sophie den besten Dienst, wenn man sie zum Spielzeugeinkauf gar nicht mitnimmt, bevor sie alt genug ist, um mit Geld umgehen zu können und für etwas zu sparen, das sie sich wünscht.

Pädagogisches Spielzeug

Es wird viel Reklame für pädagogisches Spielzeug gemacht. Was meint man damit? Es bedeutet, daß das Kind mit Hilfe eines gewissen Spielzeugs eine bestimmte Fertigkeit übt.

Sophie kann immer wieder verschieden große Würfel in die entsprechenden Löcher stopfen, aus immer kleiner werdenden Teilen eine Pyramide bauen, eine gewisse Form oder Farbe von vielen anderen unterscheiden, kleine Gewichte zwei und zwei paaren und alle möglichen kniffligen Aufgaben lösen. Aber sie kann sich auch im Balancieren auf einem Brett üben, im Zielen mit dem Ball in eine Büchse oder im Auskratzen einer Schüssel, so daß der Löffel alle Kuchenteigrestchen wegputzt.

Die letzteren Aufgaben macht sie, wie und wann sie selbst will. Die ersteren werden ihr vom fertigen Material gestellt.

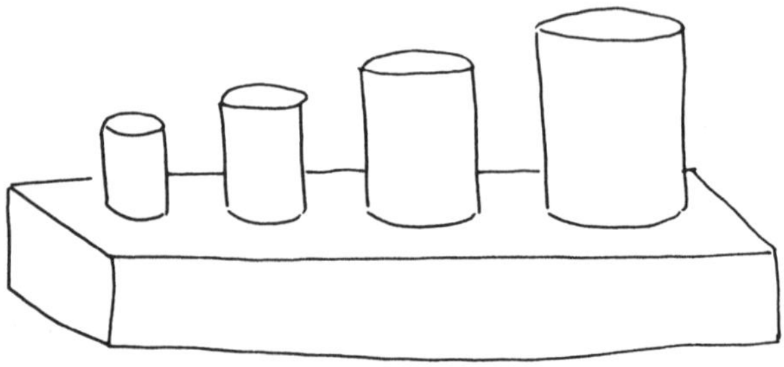

Sophie hat ein Brett mit Löchern verschiedener Größe, sowie zylinderförmige Klötze entsprechenden Umfangs bekommen, die in die Löcher gesteckt werden sollen. Sie setzt die Zylinder hinein, und aus der Ferne ertönt die milde Stimme des Spielzeugfabrikanten: ‹Wenn du jetzt fleißig übst, meine Kleine, wirst du schon in ein paar Tagen jeden Zylinder in sein richtiges Loch stecken können.› Sobald Sophie das dann kann, ist das pädagogische Spielzeug verbraucht. Und wenn sie sich systematisch durch das gesamte pädagogische Material hindurchgearbeitet hat, dann ist sie von Rechts wegen . . . ja, was ist sie dann geworden?

Na, nun seien Sie mal nicht so extrem, sagt da jemand. Es wird wohl niemand das ganze pädagogische Spielzeugsortiment anschaffen. Das kann sich ja nicht einmal ein Kindergarten leisten! Das Kind bekommt ja nur ein paar davon, und das kann doch nicht schaden? Nein, das vielleicht nicht gerade, aber was kann es für einen Nutzen haben? Von allen denkbaren Fertigkeiten, die das Kind erwerben soll, wählen wir ganz willkürlich einige aus und üben diese.

Warum soll das Kind eigentlich nicht selbst zugreifen, wenn ihm das Leben Aufgaben stellt und sich ihnen dann ganz widmen? Der Mensch ist äußerst anpassungsfähig. Durch ständiges Üben und Trainieren kann er es, besonders als Kind, zu größter Geschicklichkeit auf allen möglichen Gebieten bringen. Aber geschieht das nicht auf Kosten anderer Fertigkeiten? Wenn Kinder einseitig stimuliert werden, verlieren sie da nicht die für das Menschengeschlecht so charakteristische Vielseitigkeit? Wird nicht ihr Vorstellungsvermögen beeinträchtigt? Hindert das nicht das Reifen des Gefühlslebens?

Ich zweifle daran, daß Sophie ein Holzstück mit verschieden großen Löchern und Zylindern braucht, um deren Größenverhältnisse beurteilen zu lernen. Man kann ebensogut den Lippenstift in eine Hülse, den Fettstift in eine andere, den Buntstift in eine Flasche, das leere Döschen in eine leere Dose stecken. Sophie kann versuchen, den Deckel des Marmeladenglases auf die Puderdose zu schrauben, alle Töpfe der Größe nach ineinanderzustellen und die Deckel in eine Reihe zu legen. Sie kann dem Sofakissen Opas Hut aufsetzen. Und außerdem hat sie ja seit ihren frühesten Tagen ständig geübt, Abstand und Größe zu beurteilen, indem sie ihre kleine Hand in jede erreichbare Öffnung steckte.

Vielleicht war Sophie gerade mit der Übung eines schweren Balanceaktes beschäftigt und dabei, zu erforschen, ob das große Kissen oder die kleine Feder schneller oben vom Etagenbett auf den Boden herunterfällt. Da kommen wir mit unserem prächtigen Entwicklungspaket herein und geben ihr Instruktionen, wie sie Formen sortieren soll. Brav wie sie ist, beschäftigt sich Sophie damit. Dabei vergißt sie ihre eigenen Aufgaben, denn sie lebt ja im Jetzt.

Wir Erwachsenen finden oft, daß Puzzles und vor allem das Endergebnis davon, das fertig zusammengesetzte Puzzle, so befriedigend sind. Man sieht, daß etwas getan worden ist. Aber Kissen und Feder auf dem Fußboden nennen wir ‹ein unaufgeräumtes Zimmer›. Ununterbrochenes Wippen mit dem Stuhl bei Tisch nennen wir ‹schlechte Tischmanieren›, obwohl das eine einzigartige Balanceübung ist. Ständiges Herumaalen auf dem Boden und Tippeln auf den Zehenspitzen nennen wir ‹Kannst-du-dich-denn-nie-mit-etwas-beschäftigen›! Wir sehen nicht, daß dies Untersuchungen zu: ‹Wie-lang-bin-ich-wenn-ich-liege› und ‹Gleichgewichtsübungen-auf-den-Zehenspitzen› sind. Hoffentlich verzeiht uns Sophie, daß wir mit Blindheit geschlagen sind.

Das Kind, das nicht spielen kann

Konrad

Es ist Sonntag. Die ganze Familie ist zu Haus. Aber der kleine Konrad kann nicht spielen. Es fällt ihm einfach gar nichts ein. Alles ist sooh langweilig.

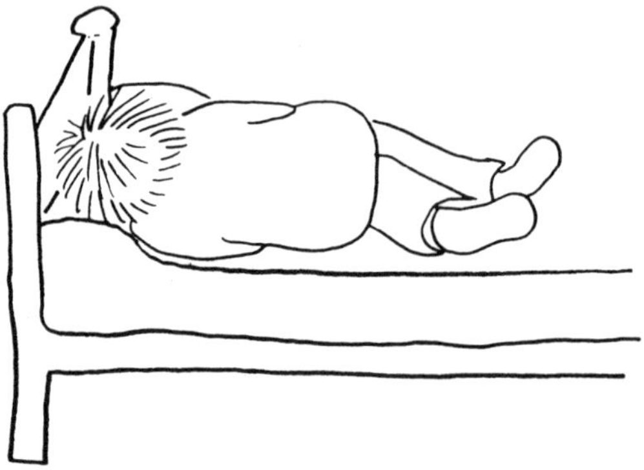

Konrad ist sechs. Er liegt nur auf dem Bett mit dem Gesicht zur Wand, lutscht Daumen und gibt von Zeit zu Zeit unschöne störende Laute von sich.

Wie würden Sie es anstellen, wenn Sie ihn dazu bringen wollten, wieder Lust zum Spielen zu bekommen? Hier ein paar denkbare Möglichkeiten:

1. Schimpfen: Lieg doch nicht den ganzen Tag da und jammere! Jetzt mach' doch endlich mal was, Kind!

2. Zu Konrad hingehen, sich zu ihm setzen, ihn streicheln und ihn ausfragen: ‹Aber was ist denn nur mit dir, mein Kleiner? Ist denn während der Woche was im Kindergarten schiefgegangen? Fehlt dir etwas? Habe ich was Dummes gesagt? Hast du schlechte Laune? Bist du böse auf Papa? Ist dir das Brüderchen lästig? Hast du Bauchweh? Aber *sag'* doch was und schrei' nicht die ganze Zeit! Gib' doch mal Antwort! Was hast du bloß? Kann ich dich denn gar nicht trösten?›

3. Zu Konrad ins Zimmer stürmen und forsch den Bausatz hervorholen. Eifrig anfangen zu bauen und fröhlich sagen: ‹Komm, wir bauen jetzt einen schönen großen Bagger!›

4. Sich in ein anderes Zimmer setzen und überlegen: Sieht Konrad vielleicht zuviel fern? (Davon können Kinder bekanntlich passiv werden.) Sieht er je Erwachsene mit Lust und Liebe an eine praktische Arbeit herangehen? Lassen wir ihn an unseren Beschäftigungen teilhaben und überhaupt an unserem Leben? Weiß er, womit sich sein Vater beschäftigt und wo er seinen Arbeitsplatz hat? Was weiß er über das Personal im Kindergarten, wo die Tanten wohnen und wie es bei ihnen zu Hause aussieht? Hat er eine Ahnung, wer in der Wohnung nebenan wohnt? Hat Konrad, was er braucht, um schöpferisch spielen zu können? Vielleicht hat er zuviel Spielzeug?

5. Sich eine interessante Arbeit vornehmen, z. B. die Reparatur des Fensterhakens, der schon seit einem halben Jahr kaputt ist. Durch gelegentliches Stöhnen zu verstehen geben, auf welche unüberwindlichen Schwierigkeiten man dabei stößt. Bedauern, daß ein Werkzeug fehlt – wie einfach das wäre, wenn ich eine Zange hätte – wenn man weiß, daß Konrad eine hat.

Zu 1.: Die erste Alternative ist natürlich weniger gut. Schimpfen und Nörgeln führen selten zu etwas.

Zu 2.: Still bei Konrad zu sitzen und ihn zu streicheln, tut ihm gut. Da merkt er, daß wir uns um ihn kümmern und ihn verstehen. Aber wir brauchen nichts zu sagen. Wenn wir still dasitzen, geben wir ihm die Möglichkeit, selbst darüber zu sprechen, wo ihn der Schuh drückt. Wenn man ihn dagegen mit einer Unmasse Fragen überschüttet, wird er nur verwirrt. In seinen Ohren klingt nämlich alles gleich glaubwürdig.

Je mehr er an seinen Zustand denkt, desto mehr beunruhigt er sich. Das muß ja wirklich was ganz Schlimmes sein, denkt er. Also wählt er wahrscheinlich gleich mehrere unserer Vorschläge: «Ja, ich bin böse auf dich und Papa, und das Brüderchen ist ganz doof, und in den Kindergarten mag ich nicht.» Aber womöglich ist nichts von alledem die wirkliche Ursache seiner Verstimmung.

Ein Kind im Vorschulalter sollte man nicht zur Analyse seiner

Lebenssituation auffordern. Es will spontan sein. Wenn Konrad seiner selbst bewußt wird, führt das dazu, daß er sich ziert und alles mögliche versucht, um unsere Aufmerksamkeit zu erregen.

Zu 3.: Es ist ein guter Ansatz, mit den Sachen des Kindes zu spielen und es auch dafür zu interessieren. Eine Handlung hat größere Wirkung auf Kinder als Worte. Aber es muß dann auch eine echte Lust zum Spiel dahinterstecken. Konrad fühlt sehr wohl unsere Gezwungenheit, wenn wir mit gekünstelter Munterkeit zu spielen beginnen.

Wenn wir unter ständigem Tuten und Brummen auf dem Boden herumkriechen, sobald wir ein Kind sehen, gehen wir das Risiko ein, mit einem Hanswurst und Klettergestell verwechselt zu werden. Die Kinder gewöhnen sich womöglich so daran, daß sie ohne unsere ständige Hilfeleistung gar nicht mehr spielen können. Oder sie lassen sich dazu verleiten, ganz außer sich auf uns herumzuklettern und zu -hüpfen, uns zu kneifen und zu kitzeln, um auf jede erdenkliche Weise zu erproben, wie weit sie gehen können. Aber ganz behaglich ist ihnen dabei nicht zumute, denn sie wollen uns gern bewundern und können es nicht.

Zu 4. und 5.: Meiner Ansicht nach die besten Alternativen. Man sollte jeden Abend den vergangenen Tag überdenken und ein Weilchen Konrad vor sein inneres Auge rufen: Was machte er heute für einen Eindruck, wie bewegte er sich, wie klang seine Stimme? Wir brauchen keinen Sündenbock dafür zu finden, daß etwas schiefgegangen ist. Damit ist niemandem geholfen. Schon dadurch, daß wir Konrad vor uns sehen, ohne zu analysieren, bekommen wir am nächsten Tag viel besser Kontakt zu ihm. Das gilt übrigens für alle Menschen, mit denen wir verkehren. Oft fällt uns dabei etwas auf, das wir bei uns selber ändern sollten. Vielleicht plagt uns selber die Langeweile? Wenn wir selbst nichts mit uns anfangen können, ist es ja kein Wunder, daß Konrad nicht weiß, womit er die Zeit verbringen soll.

Oder sieht er so viel fern, daß er ganz vergessen hat, wie man spielt? Ist er daran gewöhnt, immer unterhalten zu werden? In den USA gibt es viele fernsehgeschädigte Kinder, die nicht mehr spielen können. Die einzige Medizin ist das totale Fernsehverbot bis etwa zwölf Jahre. Oder hat Konrad so viele Spielsachen, daß er förmlich in dem lieblosen Durcheinander in seinem Zimmer ertrinkt? Hat er

Spielkameraden? Vielleicht wendet er seinem unaufgeräumten Zimmer den Rücken, weil es ihm schwerfällt, die Sache in Angriff zu nehmen. Da können wir ihm den Vorschlag machen: ‹Soll ich dir helfen aufzuräumen und all das auszusortieren, wofür du schon zu groß bist und was nicht mehr ganz ist?› Die Sachen legen wir in einen Karton auf den Speicher.

Wenn Konrad sich in seinem Zimmer einsam fühlt, kann man ja das Bügelbrett nehmen und bei ihm bügeln oder einen bequemen Sessel hineintragen und dort lesen oder nähen. Es ist gemütlich, etwas zu tun, wenn jemand in der Nähe ist. Und er hatte von jeher die Angewohnheit, sein Spielzeug in alle Zimmer mit sich zu schleppen, um in unserer Gesellschaft zu spielen.

Vielleicht sollten wir ihm zu verstehen geben, daß wir auch manchmal seine Nähe brauchen? Oder er kann auch die ganze Familie zum Tee in sein Zimmer einladen und dort selber den Tisch decken.

Ein Sechsjähriger, der nichts lieber möchte als beweisen, was er schon alles kann und weiß, kann meistens nicht widerstehen, wenn Mutter oder Vater sich ungeschickt anstellen oder etwas nicht können. Wenn er uns mit einer Zange aus der Klemme mit dem Fensterhaken helfen kann, ergreift er sicher die Gelegenheit beim Schopfe. Und bevor er sich wieder zurückzieht, schlagen wir vor, daß noch etwas repariert oder geordnet werden muß. Vielleicht können wir Konrads Zimmer ummöblieren oder etwas vom Speicher holen? Der Bann der Passivität ist gebrochen, und er fühlt sich belebt.

Aber nicht immer ist es so einfach. Viele Kinder leiden heute an etwas, das man Willensschwäche nennen könnte. Sie sind ständig müde und haben zu nichts Lust. Sie haben selbst keinen Erfindergeist, sondern müssen dauernd unterhalten werden. Sie müssen ihren Willen daran üben, daß sie zu Ende bringen, was sie angefangen haben, und müssen von ihrer Umgebung zu eigener Initiative ermuntert werden.

Solche Kinder sollten nie ein ‹Nein!› zu hören bekommen, wenn sie etwas ausgedacht haben, was sie gern machen wollen. Aber sie werden leider oft gehindert, in unserer gefährlichen und kinderfeindlichen Welt. Eigentlich brauchen sie ein Wäldchen, in dem sie ungehindert spielen können, so oft sie wollen. Sie sollten auch mit anderen fröhlich singen, Handwerkern bei der Arbeit zusehen können, selbst kleine Pflichten zu erfüllen haben und zu Hause freundliche Gesichter um sich sehen. Auch der Wille kann wie das Denken und Fühlen durch Übung gestärkt werden.

Phantasie besitzen oder von Phantomen besessen sein

Der kleine Niko kommt mit wehenden Haaren dahergesaust, fährt wie ein Wirbelwind durchs Zimmer und befingert alles nervös. Er platzt fast vor Eifer und redet ununterbrochen.

«Und dann sind wir mit einer Mondrakete geflogen und dann ist sie abgestürzt, aber uns passierte nichts und ... oh was für ein Klasse-Stilett, ha, wie das aufschnappt. Super, man kann es gegen die Wand werfen – au Backe, jetzt steckt es im Stuhl. Nee, also im Ernst, was für'n Messer, echt gut! Und jetzt müßte man den schnellsten Superrennwagen der Welt haben ... Hilfe, hab' ich einen gräßlichen Hunger! Mama, krieg ich ne Stulle? Du, Mama, gestern hat mich einer hier hingetreten ...»

Auch Niko kann nicht spielen. Seine Gedanken sind nicht besonders originell oder schöpferisch, es scheint nur auf den ersten Blick, als sei er phantasievoll. Er hat überspannte Ideen und Hirngespinste.

Offensichtlich ist er zu vielen Eindrücken ausgesetzt und unsicher. Um sich zu behaupten, muß er Gewalt anwenden. Fernsehprogramme, in denen die Probleme mit Gewalt gelöst werden, und auch Comic strips hinterlassen bei ihm großen Eindruck.

Ein förmlicher Hexentanz von unverdauten Eindrücken – zusammenhanglosen Bildern in seiner Erinnerung – wirbelt durch seinen armen Kopf. Er weiß nicht, wie er sie verarbeiten soll. Seine einzige Möglichkeit, sie greifbar zu machen und sich der Phantome zu erwehren, ist, sie in Worte zu fassen. Da nehmen sie Gestalt an. Er will, daß seine Mutter zuhört, wenn er all das Schreckliche erzählt. Sie soll wissen, was in ihm vorgeht. Er will sie nicht damit erschrecken, sondern er hofft, daß sie ihn von seinen Phantomen befreit und ihm statt dessen menschliche Wärme und Liebe (Essen) zukommen läßt. Deshalb wirft er vielleicht ständig mit Flüchen um sich – hofft er, damit loszuwerden, was ihn bedrückt? Wenn man etwas Schreckliches benennt, kann man ja leichter damit umgehen.

Niko will, wie alle Kinder, daß die Welt gut ist. Wenn er immer nur Beweise für das Gegenteil findet, stört das sein inneres Gleichgewicht, und sein Lebenswille wird geschwächt. Er möchte so gern froh sein. Können wir ihn nicht froh sein lassen, solange er klein ist? Wenn wir ihn im Kindesalter davor bewahren, aufwühlende Berichte und Bilder in Zeitung und Fernsehen zur Kenntnis nehmen zu müssen, wird er später als Erwachsener einen um so stärkeren Willen aufbringen können, um sich für die Veränderung der Verhältnisse einzusetzen. Dann hat er die Kraft, um mitzufühlen und sich einzuleben.

Wenn wir gerne möchten, daß sich Niko zu einem harmonischen Menschen mit viel Vorstellungsvermögen entwickelt, dürfen wir ihn nicht behandeln wie einen Erwachsenen. Wir dürfen ihn nicht mitverantwortlich machen. Solange er klein ist, müssen wir das Bedrohliche und Schwere für uns selbst behalten.

Damit meine ich nun nicht, daß man dem Kinde die Hand vor Augen halten soll, sobald das Leben sich von seiner negativen Seite zeigt. Das Kind hat ein Recht darauf, über traurige Ereignisse, die uns persönlich betreffen, ins Bild gesetzt zu werden.

Wenn Nikos Vertrauen zu den Menschen gestört ist, kann es viele Jahre lang dauern, bis wir eine Atmosphäre von Lebensfreude und Ernst um ihn geschaffen haben. Wir müssen seinen Notruf, sein ununterbrochenes Geplapper, ruhig mit anhören und versuchen herauszubekommen, was dahintersteckt:

«Stilett, sagst du – was ist das denn? Hast du schon mal eins gesehen?» Vielleicht kommt dann heraus, daß ein größerer Junge ihm mit einem Stilett Angst gemacht hat. Wenn wir darüber sprechen, beruhigt sich Niko. Er hört, daß wir die bedrohlichen Worte aussprechen, wodurch das spukhafte Erinnerungsbild seine Wirkung auf ihn verliert. Aber wir müssen uns davor hüten, ihn direkt auszufragen, denn da kann er auf die Idee kommen, sich mit seinem ewigen Wortschwall interessant zu machen.

Wir regen ihn dazu an, praktisch mit den Händen zu arbeiten: er soll scheuern, Fenster putzen, backen, mit Ton kneten, hämmern und sägen, Möbel streichen und Bilder malen! Unser Verständnis für seine Ängste können wir ihm feinfühlig auf Umwegen beibringen, indem wir Märchen erzählen, in denen sich junge Burschen aufmachen in eine Welt voller Gefahren, sich mutig Drachen und anderen Untieren in den Weg stellen und schließlich die Prinzessin für sich gewinnen.

Die inneren Bilder, die sich Niko von dem Märchen macht, können ihn nicht so überwältigen wie die beweglichen, ‹wirklichen› Bilder des Fernsehprogramms. Gegen die Bilder des Märchens kann er sich schützen. Er stellt sich den Drachen gerade so grauenerregend vor, wie er ihn aushalten kann. Aber auf dem Bildschirm sieht der Drache abscheulich aus und er regt sich und bewegt sich vor unseren Augen. Wenn sein Aussehen Niko Angst einjagt, ist es schon zu spät, etwas zu tun, er hat ihn gesehen und kann das Bild in der Erinnerung nicht los werden. So drängen sich die Fernsehbilder und -figuren ihm auf und bevölkern sein Hirn, und er kann sich nicht dagegen wehren. Was er aber nötig hat, ist Schutz vor der lärmenden Umwelt, um in Ruhe und Gelassenheit seine Eindrücke zu verarbeiten, so daß sie zu wirklichen inneren Erfahrungen für ihn werden können.

Das Märchen – unsere innere Wirklichkeit

In den Märchen gibt es viele gute Beispiele dafür, wie man das Böse bekämpft und wie unsere guten Eigenschaften den Sieg davontragen.

Wenn wir die Märchen nur selber ernst nehmen, bereitet es dem Kind große Freude, immer wieder zu hören, wie das Gute in uns siegt. Da braucht man aber auch keine Angst zu haben, wenn die Rede ist vom schrecklichen Wolf, der Kinder frißt und vom bösen Zwerg, der den Prinzen zu Stein verwandelt.

Das Kind ahnt intuitiv, daß das Märchen nicht vom richtigen Wolf handelt (womit nichts Schlechtes über ihn gesagt sein soll), sondern von den unersättlichen Trieben in uns selber, die dem Raubtier gleichen.

Das Märchen hat dagegen weniger Wert für das Kind, wenn der Erzähler selbst keine tiefere Symbolik darin sieht, sondern den Zwerg für ein Hirngespinst und das Schloß für royalistische Propaganda hält. Wenn der Erzähler dagegen einen Sinn für die uralte Weisheit und Kunde vom menschlichen Wesen hat, die im Volksmärchen verborgen sein können, dann haben die Märchen einen wohltuenden Einfluß, denn sie alle haben ein glückliches Ende. Das kann uns ein Fingerzeig dafür sein, daß bei allen schweren inneren Kämpfen das Gute im Menschen die Oberhand gewinnen kann.

Ich habe sehr oft die Ansicht gehört, daß es nicht richtig sei, Kindern heutzutage romantische Bauernhofgeschichten zu erzählen, das sei verlogen, denn sie entsprächen nicht mehr der Wirklichkeit. Abgesehen davon, daß es selbstverständlich noch Kinder gibt, die in idyllischer Umgebung leben, glaube ich, daß die meisten Kinder in ihrer inneren Landschaft in einem kleinen Häuschen wohnen. Das zeigen uns ihre Zeichnungen.

Die Volksmärchen spielen im Inneren des Menschen. Wir haben alle eine böse Stiefmutter in uns, die sich selbstgefällig im Spiegel betrachtet; auch Zwerge und Drachen und finstere Gewalten, die in der Tiefe lauern, um den Prinzen, unser Ich, zu übermannen. Manchmal sind wir eiskalt berechnend, und dann kommt der Schneekönig mit seinem Gefolge und hüllt unsere seelische Landschaft in Schnee und Eis. Haben wir ein warmes Herz und opfern uns für andere, verschafft uns das Zutritt zu dem wunderbaren Garten, der reiche Frucht trägt, und der Prinz bekommt seine Prinzessin. Zwei Seiten unserer Persönlichkeit vereinigen sich harmonisch.

Kinder (nicht nur schwierige wie Niko) im Fernsehen Krieg und Gewalttätigkeiten sehen zu lassen und das damit zu begründen, daß es in unserer Welt so aussieht, ist einfach falsch. Das entspricht nicht der Wirklichkeit, in der die meisten dieser fernsehenden Kinder leben. Es ist kein Krieg auf der Straße vor unserem Haus.

Die Welt des Kindes ist die kleine, begrenzte Welt. Für das Kind ist die andere Seite der Erdkugel noch ganz fremd, entlegen und unfaßbar. Aber die andere Straßenseite ist etwas, das man durchaus begreifen kann! Das Fernsehen zeigt so gut wie nie etwas, das mit der Wirklichkeit des Kindes zu tun hat. Die Programme behandeln weder die Umgebung, in der das Kind sich täglich aufhält, noch seine inneren persönlichen Verhältnisse, die ja nur den Menschen, die ihm nahestehen, bekannt sind.

Wenn wir dem Kind Bücher mit realistischen Alltagsschilderungen geben, mit dem Motiv, ihm zu zeigen, unter welchen Umständen heute viele Kinder leben – Karlchen wohnt in einem Hochhaus, seine Eltern streiten sich oft, so sieht es aus im Krankenhaus, im Kinderheim, auf dem Bauernhof, in der Antarktis –, so bedeutet das nichts anderes, als daß man sich selbst und das Kind an der Nase herumführt: *kein* Film oder Buch kann dem Kind beibringen, wie es wirklich ist. Nur, was man selbst erlebt hat, kann einen etwas über das Leben in der äußeren Wirklichkeit lehren. Wenn wir aber unsere Kinder in den inneren menschlichen Realitäten unterweisen wollen, tun wir das am besten, wenn wir Märchen und eigene kleine Geschichten erzählen und genau zuhören, wenn das Kind fragt.

Die mit Worten gemalten Volksmärchen kann das Kind immer bei sich tragen und mit ihnen wachsen. Sie können ihm dabei helfen, mit seinen eigenen Schwierigkeiten zurechtzukommen. Unter dem lebensbejahenden Einfluß des Märchens stehend, kann das Kind es wagen, seine Fühler in die Außenwelt auszustrecken. Aber wenn es

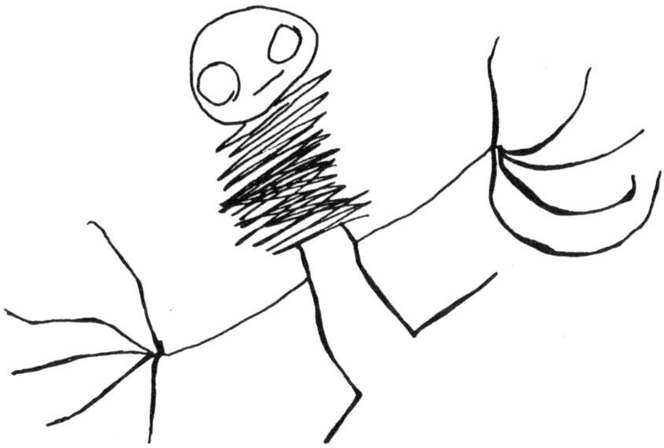

Das Kind streckt seine ‹Fühler› in die Welt aus. Zeichnung eines Dreijährigen.

auf eitel Pessimismus und Elend stößt, zieht es sie bald wieder ein und verschließt sich, lutscht am Daumen, will nicht erwachsen werden oder geht im Kult von Idolen auf.

Zweiter Teil:
Wie man Stoffpuppen macht

Über die Wolle

Wolle hat die Eigenschaft zu wärmen. Das ist allgemein bekannt. Die langen, dünnen Fasern der Wolle sind gekräuselt und können daher viel Luft speichern. Diese Luft erwärmt sich und bleibt in der Wolle, wird aber nicht muffig, da sie ständig zirkuliert. Außerdem kann sie Flüssigkeit bis zu einem Drittel ihres Eigengewichts absorbieren. Deshalb liegt die aus Wolle gefertigte Puppe so warm und mollig im Arm des Kindes.

Wollfasern sind elastischer als synthetische Fasern. Sie nehmen nach jeder Strapazierung wieder ihre ursprüngliche Form an, weshalb auch die Puppe ihre Gestalt bewahrt. Nur durch zu warmes Waschen kann Wolle ihre Spannkraft verlieren und filzig werden oder Klumpen bilden. Wolle ist ein umweltfreundliches Naturmaterial, es fängt nicht so leicht Feuer und hat geringere statische Elektrizität als Kunstfasern.

Am billigsten ist es, die Rohwolle direkt beim Schäfer, Züchter oder Bauern zu kaufen. Achten Sie aber darauf, daß Sie nicht die schmutzige Bauchwolle bekommen! Man wäscht die Wolle in lauwarmem Wasser mit Seife, Kernseife (oder vielleicht Amoniak). Diese Arbeit macht kleinen Kindern großen Spaß! Dann wird die Wolle mehrmals durchgespült und draußen in die Sonne gelegt, auf den Rasen oder auf ein Handtuch, das auf dem Wäschetrockner liegt.

Wenn man Feinwolle guter Qualität hat, reicht es, wenn man die Wollebäuschel ein wenig auseinanderzupft, so daß sie schön flauschig werden und gut füllen. Sonst muß die Wolle ‹kardätscht› werden. Die dazu nötigen Handkarden kann man z. B. in Webstuhlfabriken und Geschäften für Kunsthandwerk oder manchen Hobbyläden kaufen.

Kinder von etwa fünf Jahren können beim Kardätschen der Wolle helfen, aber es ist eine ziemlich langwierige Arbeit. Es dauert ca. zwei Stunden, bis man die Wolle für eine mittelgroße Puppe beisammen hat. Nehmen Sie nur ein wenig Wolle zwischen die Karden, die dann parallel gegeneinander geführt werden, so daß die Wollfasern in eine Richtung zu liegen kommen. Schlagen Sie die Karden nicht zu hart ineinander, dann halten sie länger. Bereits gewaschene und gekämmte Wolle zweiter Güte kann man in Wollspinnereien, Geschäften für Kunsthandwerk, Hobbyläden o. ä. bestellen.

Wenn man keine ungesponnene Wolle bekommt, kann man alle möglichen ausgedienten Wollsachen heraussuchen und Pullover und Socken in Streifen schneiden, die dann so zusammengewickelt werden, daß man damit den Körper und Arme und Beine der Puppe ausstopfen kann. Für den Kopf nimmt man am besten ein altes Wollknäuel. Die Wolle darf natürlich nicht färben!

Kinder, die gegen Wolle allergisch sind, bekommen ihre Puppe mit Putzwolle aus Baumwolle, synthetischer ‹Wolle› oder Fasern. Waschanleitung siehe S. 160.

Puppen, aus einem Tuch geknotet

Die aus einem Tuch geknotete Puppe eignet sich als erstes Püppchen fürs Kleinkind und ist auch später ein einfaches und beliebtes Spielzeug.

I. Puppe mit geknotetem Kopf

Material:

- Ein viereckiges Stück Stoff aus einfarbiger Baumwolle, Seide oder ein Schleier, jedenfalls muß es ein *sehr* dünner und geschmeidiger Stoff sein.
- Kleiner Wollbausch als Haar oder Bart.
- Ein dreieckiges Stück Stoff als Kopftuch oder Schürze.

Abb. 1a

Abb. 1b

So wird's gemacht:

An der in Abb. 1a mit x markierten Stelle nimmt man das Tuch zwischen zwei Finger und hebt es hoch. Aus diesem Zipfel schlingt man einen einfachen Knoten. Das ist der Kopf. Die beiden kürzeren Eckzipfel unter dem Kopf werden ebenfalls geknotet und sind die Hände. Wenn die Puppe keinen Rock anhaben soll, knotet man auch die beiden letzten Eckzipfel zu Füßen. Siehe Abb. 2 (auf der nächsten Seite).

Abb. 2

Wenn man ein wenig Wolle unter das Kinn in den Knoten schiebt, hat man ein altes Männlein. Ein Stückchen Stoff als Kopftuch oder Schürze – und das Weiblein ist fertig! Die Puppe entsteht im Handumdrehen vor den Augen des Kindes. Die Größeren können sich selber Püppchen knoten.

II. Puppe mit Kugelkopf

Material:

- Ein viereckiges Stück einfarbiger Baumwollstoff, eventuell hautfarbenes Trikot. Ein Taschentuch kan man auch verwenden.
- Gewaschene, ungesponnene Wolle zum Füllen des Kopfes. (Watte geht auch, aber dann kann man die Puppe nicht waschen.)
- Teppichkettgarn aus Baumwolle oder fester Bindfaden zum Abbinden.
- Buntstift oder Nadel und Faden, um Augen, Mund und Haare anzudeuten.

So wird's gemacht:

Auf die in Abb. 1a mit x bezeichnete Stelle legt man ein Wolle- (oder Watte-)Bällchen auf das Tuch, hüllt es darin ein, bindet darunter den Hals ab und schon ist der Kugelkopf fertig.

Man hat da bereits eine ganz schlichte, einfache Puppe, die man dem Baby geben kann. Wir können sie aber auch mit geknoteten Händen und Füßen versehen, wenn wir sie mehr ausprägen wollen.

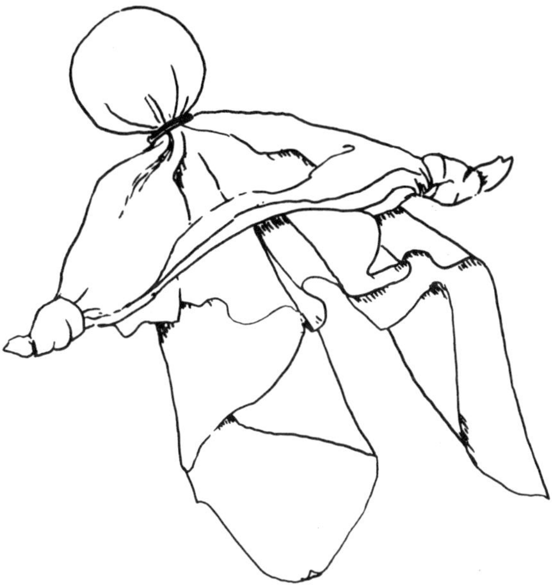

Abb. 3

Das Photo auf S. 14 zeigt, wie Taille und Brust mit Bindfaden geschnürt werden können.

Diese Puppe kann nach Belieben variiert werden: Etwas ungesponnene Wolle mit ein paar Stichen, die wie ein Mittelscheitel verlaufen, auf dem Kopf festgenäht – und wir haben ein kleines Mädchen. Wenn man einen Stoffstreifen ein paarmal um Brust und Leib wickelt, so daß die Arme freibleiben, eine Schnur oder ein Band darumknotet und ein paar Härchen auf den Kopf näht, ist es ein Wickelkind.

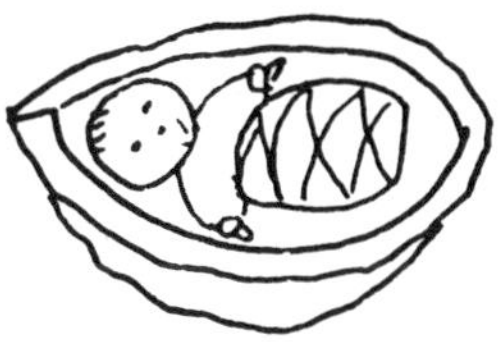

Abb. 4

Dieses Wickelpüppchen kann man so winzig machen, daß es in einer halben Walnußschale auf einem Wollflöckchen schlafen kann.

III. Marionette, aus einem Tuch geknotet

Material:

- Das gleiche wie zum vorigen Modell, außerdem ein paar kleine Steinchen als Gewichte für die Hände.
- Lange Schnüre zum Aufhängen der Marionette.
- Ein kleiner Schleier, ein goldenes Band, eine Perle oder sonst eine Kleinigkeit, die den Charakter der Puppe andeutet.

So wird's gemacht:

Arbeiten Sie eine Puppe mit Kugelkopf, am besten aus einem sehr geschmeidigen Tuch, damit sie sich leicht führen läßt. In die Hände werden Steinchen eingenäht. Nähen Sie Haare aus ungesponnener Wolle oder Garn fest sowie drei Pünktchen als Augen und Mund. Geben Sie der Puppe einen Schleier um die Schultern oder schmücken Sie sie anders. Dann werden die Schnüre an den Händen und rechts und links am Kopf befestigt. Es müssen zwei sein, weil die Puppe sonst die Tendenz hat, sich zu drehen.

Die Schnüre sollten nicht zu lang sein, damit das Kind sie handhaben kann. Wenn die Hände an den beiden Enden derselben Schnur befestigt sind – und der Kopf ebenso – braucht man kein Kreuz, sondern führt die Puppe an den Schnüren. Diese einfachen Marionet-

Abb. 5

ten schätzt das Kind während der ganzen Vorschulzeit. Schulkinder können sie selbst anfertigen und damit spielen.

IV. Puppe für die Puppenstube

Material:

- Ein viereckiges Stückchen hautfarbener Stoff (z. B. 15 x 15 cm) so dünn wie möglich.
- Gewaschene, ungesponnene Wollebäuschchen für Kopf, Hände und Füße.
- Fester Faden zum Abbinden.
- Stoff für Overall oder Schlafsack, z. B. Baumwollflanell oder Filz.
- Nadel und Faden für Haare, Augen, Mund.

So wird's gemacht:

Zuerst fertigt man eine kleine Puppe mit Kugelkopf an, höchstens 10 cm groß.

Aus den vier Zipfeln werden Hände und Füße gearbeitet, indem man den Stoff mit Wolle füllt und abbindet wie beim Kopf.

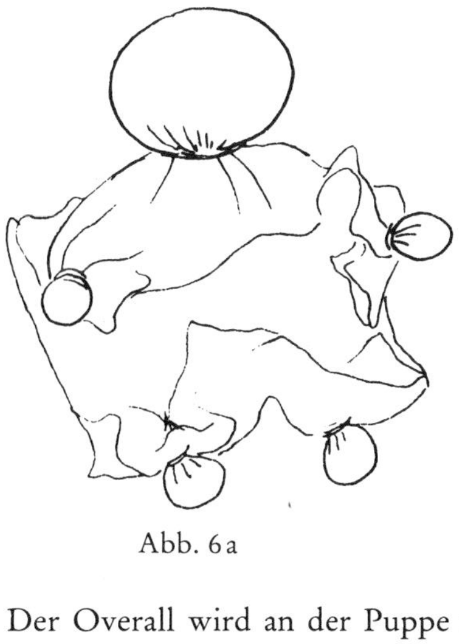

Abb. 6a

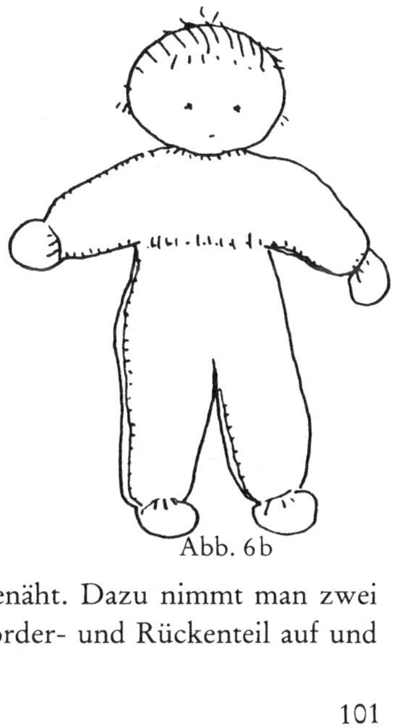

Abb. 6b

Der Overall wird an der Puppe festgenäht. Dazu nimmt man zwei viereckige Stoffstücke, die man als Vorder- und Rückenteil auf und

Abb. 7
Ein Püppchen für die Puppenstube, 7 cm groß, wie eine geknotete Puppe aus einem Tuch gearbeitet. Es bekommt runde Füßchen und Händchen sowie einen Schlafanzug, der festgenäht wird. Anders gekleidet, können solche Puppen Berufsleute verschiedener Art oder Märchenfiguren vorstellen.

unter die Puppe legt. An der oberen Kante wird der Stoff nach innen eingeschlagen, und die Schulter- und Ärmelnaht wird genäht sowie einige Stiche um den Hals herum. Dann schneidet man auf der Unterseite der Ärmel ein und macht einen keilförmigen Einschnitt zwischen den Beinen. Rundherum zunähen. Wenn Sie wollen, deuten Sie Mund und Augen mit ein paar Stichen an. Auch ein paar Härchen werden angebracht. Siehe Abb. 6b.

Wenn Sie ein Baby im Schlafsack haben wollen, nähen Sie zwei viereckige Stoffstücke zu einem Säckchen zusammen, das so breit ist wie der Abstand zwischen den ausgestreckten Händen der Puppe. Das Säckchen wenden und die Puppe hineinstecken, so daß Kopf und Hände oben herausgucken. Die offene Seite des Säckchens oben einschlagen und über die Arme, Schultern und um den Hals zunähen.

Ganz unten einen Kräuselfaden durchziehen und zusammenziehen, dann ein Schleifchen binden. Wenn man den Stoff auch um die Brust herum kräuselt, hebt das Baby ein wenig die Arme.

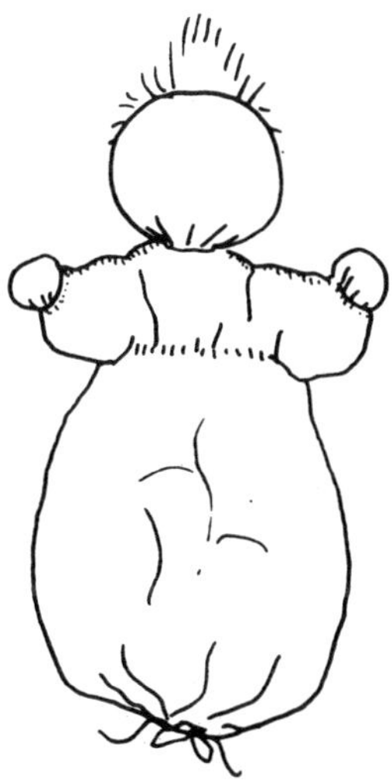

Abb. 8

Alle hier beschriebenen Puppen können nach Belieben variiert werden: Die Püppchen für die Puppenstube können zum Beispiel als Bäcker, Jäger, König, als Krankenschwester, Oma usw. ausgestattet werden.

Aber lassen Sie sich nicht in Versuchung führen, sie zu Miniaturen mit detailliert gestickten Gesichtszügen, Brille, Schnurrbart, Schnürsenkeln, Westentaschen und dergleichen zu machen, jedenfalls nicht, wenn sie für kleine Kinder gedacht sind. *Eine* Perle ist genug! Damit ist schon die Prinzessin angedeutet. Eine weiße Mütze macht den Bäcker, ein kleiner Schwanz den Troll! Wir wollen das Beste an dieser Art von Puppen, nämlich ihre phantasieanregende Schlichtheit, ja nicht durch zuviel Herumbasteln verderben. Es ist etwas anderes, wenn das Schulkind selbst kleine Einzelheiten mit Nadel und Faden ausmalt, denn dabei ist es ja kreativ!

Abb. 9

Eine weitere Möglichkeit, Puppen zu machen, ist, zwei Topflappen zusammenzunähen, wobei oben eine kleine Öffnung freibleibt, in der der Hals des Puppenkugelkopfes festgenäht wird.

Puppe im Sackkleid

Als erste Puppe zu empfehlen.

Material:
- Weicher, aber strapazierfähiger Stoff in einer leuchtenden frohen Farbe, z. B. 40 x 40 cm groß.
- Hautfarbenes Trikot, etwa 30 × 15 cm. (Oder ein hellbrauner Strumpf!)
- Wollgarn fürs Haar, ca. 25 g.
- Gewaschene, ungesponnene Wolle (Wollreste, Wollgarn), ca. 200 g, um die Puppe zu stopfen.
- Teppichkettgarn.
- Nadel und Faden in der Farbe des Stoffes, in dem man arbeitet, sowie für Augen und Mund.
- Nähmaschine.

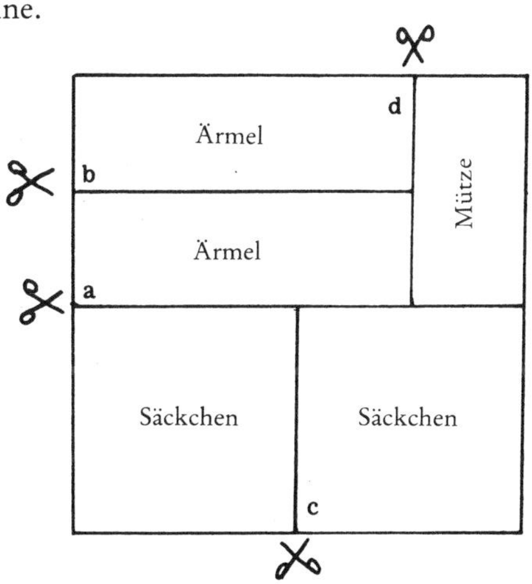

Abb. 10

So wird's gemacht:
Den Stoff in der Mitte durchschneiden (a). Aus der einen Hälfte zwei gleichgroße längliche Streifen und einen kleineren für die Mütze schneiden. Siehe Abb. 10.

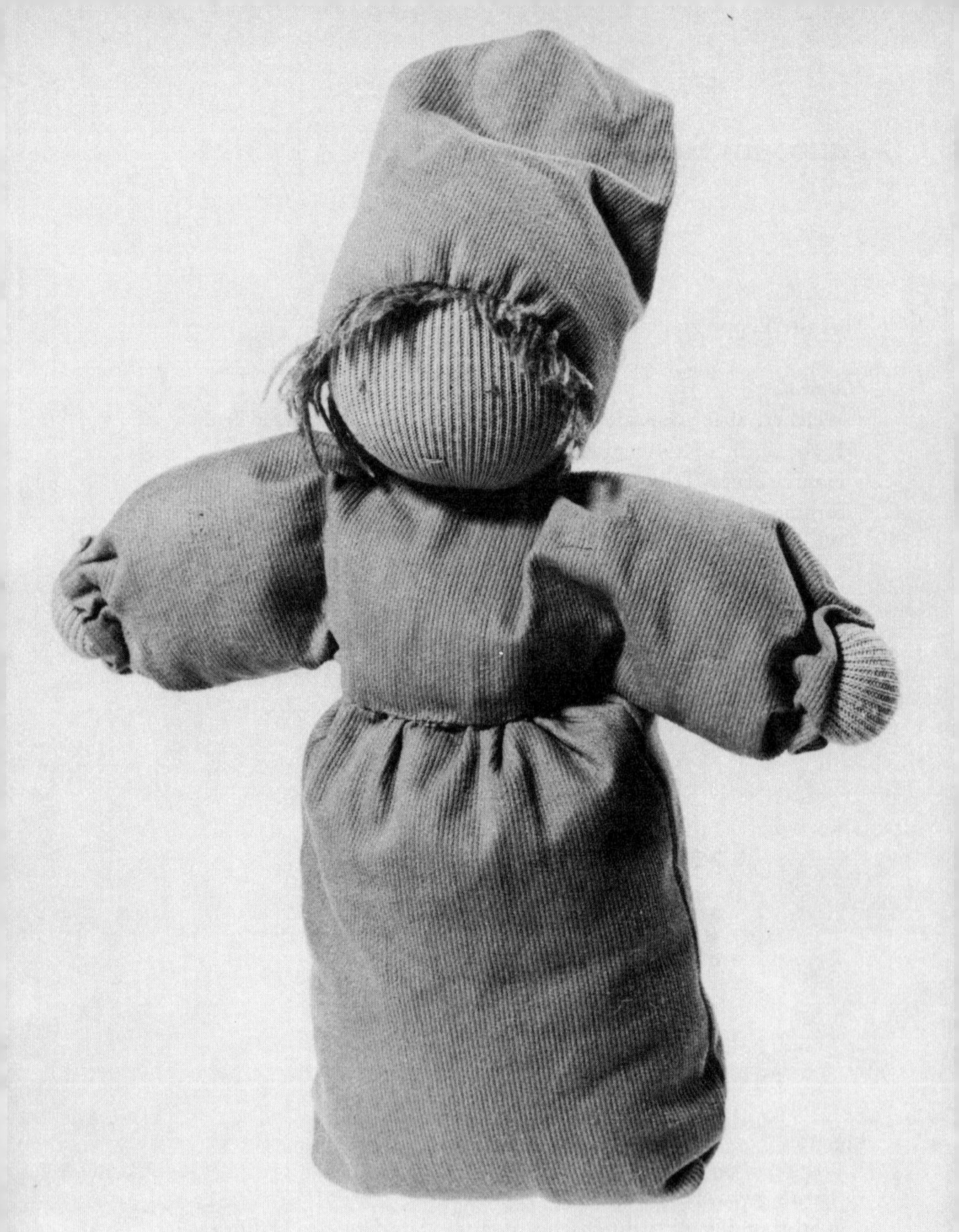

Abb. 11
Diese Puppe (30 cm groß) im Sackkleid wird an einem Abend fertig. Im Bettchen des 2- oder 3jährigen ist sie schön weich. Wenn das Kind es will, kann das Säckchen später aufgeschnitten und zu Beinen umgearbeitet werden.

Die andere Hälfte wird einmal quer durchgeschnitten (c). Diese beiden Vierecke sind für das Säckchen.

Man legt die Ärmelstreifen mit den Außenseiten aufeinander. Die obere Naht der Ärmelpartie auf der Maschine nähen, wobei in der Mitte ungefähr ein Drittel für den Hals offengelassen wird. Je eine Seite der beiden Säckchenteile an der Kante reihen und zusammenziehen, so daß die gekräuselte Seite ca. ein Drittel der Ärmelpartie mißt. Nun werden die zwei Teile des Säckchens mit der Außenseite nach unten an der gekräuselten Kante mit der auseinandergeklappten Ärmelpartie zusammengenäht. Siehe Abb. 12a.

Dann klappt man die beiden Hälften aufeinander, so daß die rechte Seite nach innen kommt, siehe Abb. 12b.

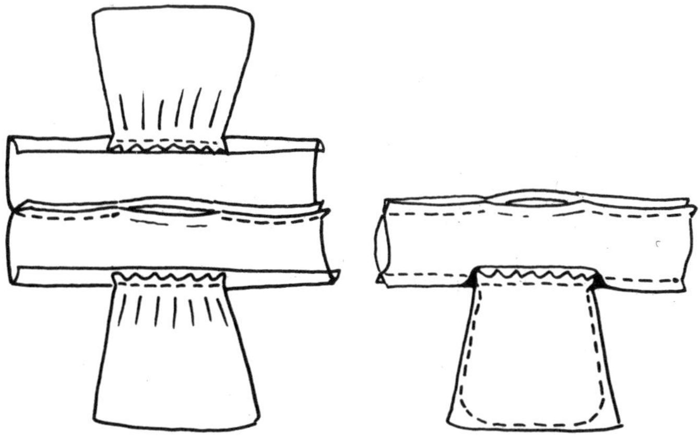

Abb. 12a Abb. 12b

Mit einer einzigen Naht vom einen Ärmel rund um das Säckchen, wobei man die Ecken abrundet, zum anderen Ärmel zunähen. Öffnungen für die Hände lassen!

Das Säckchen wenden und unten mit Wolle ausstopfen.

Der Kopf:

Zuerst 5 cm des Trikots für die Hände abschneiden.

Dann das Trikot zu einem langen Schlauch zusammennähen (oder den Fuß des Strumpfes abschneiden und ein Ende des Strumpfbeines zuknoten).

Den Schlauch wenden und ordentlich mit ungesponnener Wolle (Resten von Wollsachen oder einem Wollknäuel) vollstopfen. An den Körper halten und probieren, ob das obere Schlauchteil die richtige Größe für den Kopf hat. Wenn er zu klein ist, muß man einen breiteren Schlauch nähen.

Den ganzen Schlauch mit Wolle ausstopfen und unten zuknoten. Der Hals wird mit starkem Teppichkettgarn abgebunden.

Wolle Abb. 13a Abb. 13b

Der untere Teil des Trikotschlauches ist der Körper. Er darf also nicht länger sein als das Sackkleid, in das die Puppe gesteckt wird, soll es aber möglichst bis unten ausfüllen, damit sich die Puppe gut anfühlt.

Nun wird der Körper in das Säckchen gesteckt, wobei die am wenigsten faltige Seite des Kopfes das Gesicht wird. Dann füllt man das Kleid mit mehr Wolle um den Körperschlauch – man darf nicht vergessen, daß die Wolle sich zusammenballt!

Das Kleid wird jetzt mit der Hand um den Hals herum festgenäht, und zwar mit doppeltem Nähgarn oder Zwirn. Diese Naht muß nämlich sehr strapazierfähig sein!

Aus Trikot (oder dem Fuß des Strumpfes) werden zwei runde Händchen gemacht. Sehen Sie zu, daß sie gleich groß werden! Die Ärmel mit Wolle füllen und die Ärmelöffnungen nach innen einschlagen. Sind die Ärmel auch nicht zu lang? Genau auf der Bruchkante einen Kräuselfaden durchziehen, die runde Hand einschieben, den Faden fest zusammenziehen und ordentlich vernähen. Stimmen die Proportionen der Puppe? (Vergl. Abb. 14.)

Abb. 14

Wenn Sie wollen, können Sie Augen und Mund mit kleinen Stichen markieren. Die Augen liegen ungefähr mitten im Gesicht – Kinder haben eine hohe Stirn.

Die Nadel wird dazu von der Rückseite des Kopfes her eingestochen. Man stickt das eine Auge mit zwei bis drei Stichen, dann das andere mit ebensovielen Stichen und kommt schließlich wieder mit der Nadel hinten am Kopf heraus.

Danach ist der Mund an der Reihe. Es ist leicht, ihn in gleichem Abstand von den Augen zu placieren. Die drei Punkte sollen, mit gedachten Linien verbunden, ein gleichseitiges Dreieck ergeben.

Auf den Kopf bekommt die Puppe einen zerzausten Pony. Eine Schicht ziemlich dünnen Wollgarns wird über der Stirn aufgelegt und mit mehreren querlaufenden Nähten befestigt. Es hält am besten, wenn es mit Wollgarn genäht ist. Aus dem übriggebliebenen Stoffstück nähen Sie die Mütze. Sollte es zu klein sein, kann man eine Zipfelmütze aus einem abgeschnittenen Strumpfbein machen.

Nun ist das Püppchen im Sackkleid fertig!

Puppe im festsitzenden Anzug

Diese Puppe ist für kleinere Kinder geeignet.

Abb. 15

Modell mit gekräuselter Taille

Material: Siehe Puppe im Sackkleid, S. 105

So wird's gemacht:
Dieses Modell wird genauso gefertigt wie die Puppe im Sackkleid – siehe vorige Beschreibung –, außer daß das Säckchen unten in der Mitte eingeschnitten wird, so daß Beine entstehen.

Beim Zusammennähen von Vorder- und Rückteil werden die Beine an den Innenseiten zugenäht und unten offengelassen. Die Arbeit wenden und die Beine fest mit Wolle stopfen. Den Körperschlauch (der natürlich kürzer sein muß als bei der Puppe im Sackkleid) in den Anzug stecken, Wolle außenherum stopfen, den Kopf festnähen usw.

Abb. 16

Die Füße können entweder so gemacht werden wie die Hände – rund aus Trikot – oder sie werden wie in der folgenden Beschreibung zusammengenäht – vorausgesetzt, daß die Hosenbeine lang genug sind.

Modell mit glatter Taille

Material:

- Der Anzug (Overall) wird aus Wollgarn gestrickt oder aus dehnbarem Gestricktem, wie z. B. einem abgelegten Pullover, genäht.
- Ein hautfarbenes Trikotstück, etwa 25 × 15 cm (oder ein hellbrauner Strumpf).
- Gewaschene und gekämmte (kardätschte) Wolle, ca. 200 g.
- Teppichkettgarn oder starker Bindfaden.
- Nadel und Faden für Augen und Mund (in der Farbe der Trikots).
- Garn in einer anderen Farbe für das Haar.

Abb. 17

So wird's gemacht:
Zeichnen Sie das Muster vergrößert auf ein Stück Papier. Bei diesem Vorschlag mißt die obere Kante 30 cm – die gleiche Länge wie vom Halsausschnitt bis zum Fuß. Die Beine machen die Hälfte davon aus – 15 cm. Sie sollten etwas breiter als die Ärmel sein, etwa 12 cm.

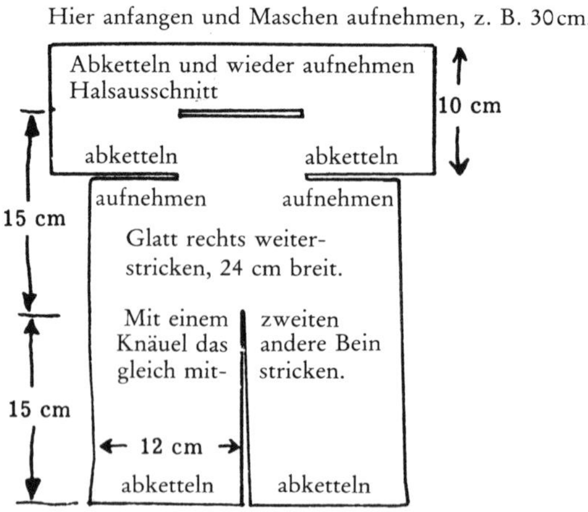

Abb. 18

Nehmen Sie Maschen auf zu einem Probeläppchen, glatt rechts gestrickt, halten Sie es an das Muster und rechnen Sie aus, wieviele Maschen Sie für 30 cm brauchen. Man nimmt am besten ein nicht zu dickes, weiches Wollgarn. Der ganze Anzug wird in einem Stück gearbeitet. Beim Halsausschnitt angelangt, kettelt man ca. ein Drittel der Maschenzahl in der Mitte des Strickzeugs ab und nimmt ebensoviel in der nächsten Reihe wieder auf.

Bei den Seitenschlitzen kettelt man ein Drittel der Maschen auf jeder Seite ab und nimmt in der nächsten Reihe wieder so viele auf, daß die Arbeit 24 cm mißt. Die Beine werden mit separaten Knäueln gestrickt, so daß sie gleichlang werden.

Man kann auch ein Stück Stoff mit den Maßen 30 x 35 cm zuschneiden. Mit dem Muster vergleichen!

Wenn man den zugeschnittenen Stoff oder das Gestrickte vor sich hat, sucht man sich die Außenseite aus. Das Oberteil wird gefaltet wie in Abb. 19a, so daß der Halsausschnitt im Stoffbruch liegt. Die Ärmel werden mit der Außenseite nach innen zusammengenäht.

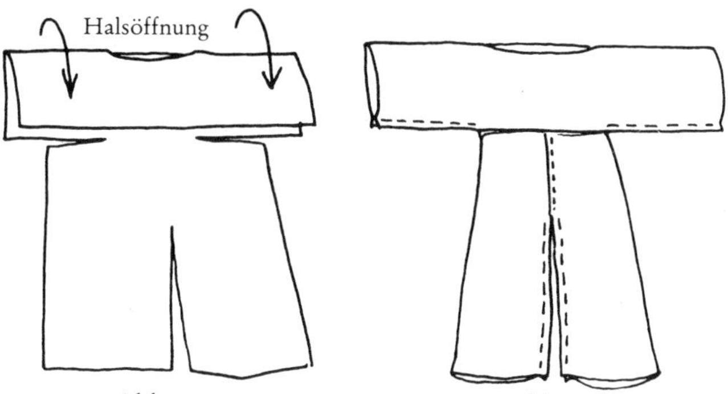

Abb. 19a Abb. 19b

Dann werden die Hosenbeine gefaltet, so daß sie doppelt liegen, und die Innennähte – vergl. Abb. 19b – bis hinauf zum Oberteil gesteppt.

Durch die noch offene Taille wendet man die Arbeit auf die rechte Seite und stopft auch die Wolle in diese Öffnung, falls der Halsausschnitt dazu zu klein sein sollte.

Der Kopf: Wie bei der Puppe im Sackkleid. Der Körperschlauch reicht jedoch nur bis zum Schritt. Eine andere Möglichkeit ist der abgebundene Kopf, wie ihn auch die Anziehpuppe bekommt, s. S. 121.

Die Hände: Kugelhändchen oder ein kleiner ‹Fäustling› aus demselben Stoff wie der Kopf. Sie werden mit Wolle ausgestopft und festgenäht.

Die Füße: Kugelfüße oder, wenn die Hosenbeine lang genug sind, näht man sie unten einfach zu. Die untere Kante des Hosenbeins wird dabei so von den Seiten aus zusammengepreßt, daß die Innennaht jetzt vorn in der Mitte endet. Dann näht man unten querüber zu (siehe Abb. 20).

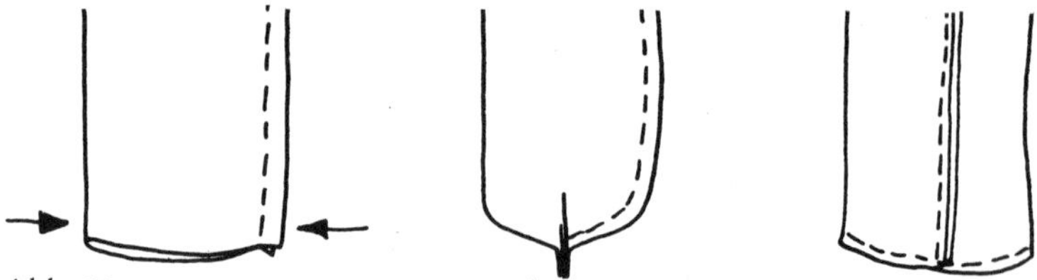

Abb. 20 von vorne gesehen von der Innenseite gesehen

Kontrollieren Sie auch, daß die Puppe die richtigen Proportionen hat. Mit ausgestreckten Armen soll die Puppe in einem Ei Platz haben:

Abb. 21

Das Haar: Siehe Puppe im Sackkleid! Auch wenn sie eine Mütze haben soll, ist es besser, ihr vorher Haare auf den ganzen Kopf zu nähen, falls ihr die Mütze einmal abgerissen wird! Eine glatzköpfige Puppe ist kein heiterer Anblick.

Die Augen: Sie werden mit kleinen Punkten etwa in der Mitte des Gesichts angedeutet.

Der Mund: Das ist der dritte ‹Schnittpunkt› in einem gleichseitigen Dreieck. Sticken Sie bitte keine Nasenlöcher, Augenbrauen und Fältchen, sondern deuten Sie das Puppengesicht nur an! Den Rest überlassen Sie der Phantasie des Kindes.

Putzen Sie diese einfachen Puppen auch nicht mit Spitzen, Bändern, Gürteln und sonstigen Kinkerlitzchen heraus – die Puppe im festsitzenden Anzug ist schon fertig!

Abb. 22
Ein Püppchen, aus grünem Wollgarn gewickelt, kann in einer Miniaturlandschaft die Jägersfrau und in der Puppenstube das kleine Mädchen sein. Sie ist 10 cm groß und aus nicht allzudickem Wollgarn gearbeitet. Ebenso kann man kleine Weihnachtsmänner für den Christbaum anfertigen.

Puppe, aus Wollgarn gewickelt

Diese Puppe (Abb. 22) eignet sich zum Bevölkern von Miniaturlandschaften und für die Puppenstube oder auch als Christbaumschmuck und für die Krippe.

Material:
- 25 g dünnes, festes Wollgarn; reicht oft für zwei Puppen!
- Stopfnadel.
- Ein Stück Pappe, etwa 9 x 11 cm.
- Ein Stückchen Filz, Nadel und Faden für die Kleider.
- Etwas Garn in einer anderen Farbe für das Haar.

So wird's gemacht:
Man wickelt das Wollgarn der Länge nach um das Stück Pappe, wie in Abb. 23a, und zwar in zwei gleichen Strängen von etwa 40 Runden mit dem Faden. Daraus entstehen dann Kopf, Rumpf und Beine. Binden Sie unten Schleifchen um die beiden Stränge, das werden die Füße. Oben werden die beiden Stränge zusammengeschoben, umbunden und verknotet. Schieben Sie die Wolle von der Pappe.

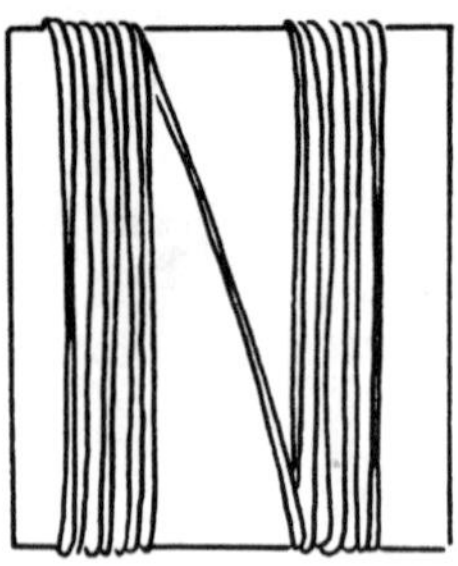

Abb. 23a

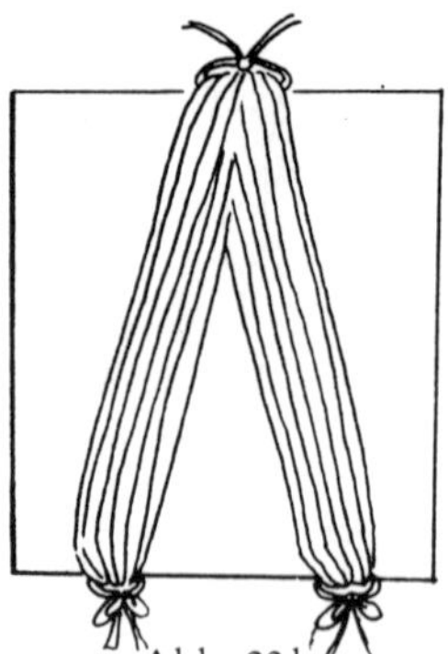

Abb. 23b

Der Kopf: Drehen Sie ein Kügelchen aus Garn oder ungesponnener Wolle und stopfen Sie es so unter dem Scheitelknoten in den Strang, daß es vom Garn ganz und gar verdeckt wird. Siehe Abb. 24a. Jetzt fädelt man in die Stopfnadel einen langen Wollfaden ein. Das Ende davon wird mehrere Male direkt unter dem Kopf um den Hals gewickelt und vernäht, indem man einige Male durch den Hals sticht. Den Faden hängen lassen.

Abb. 24a

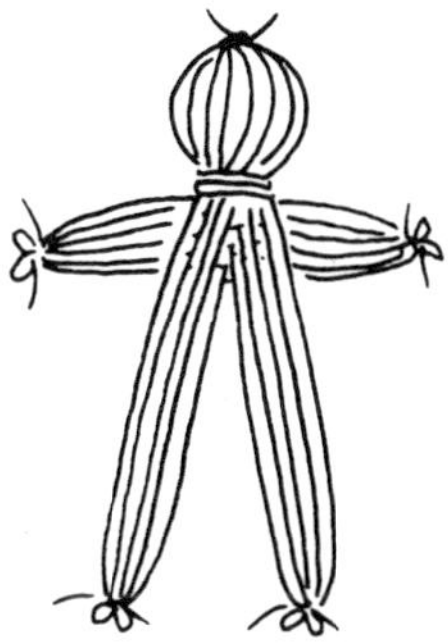

Abb. 24b

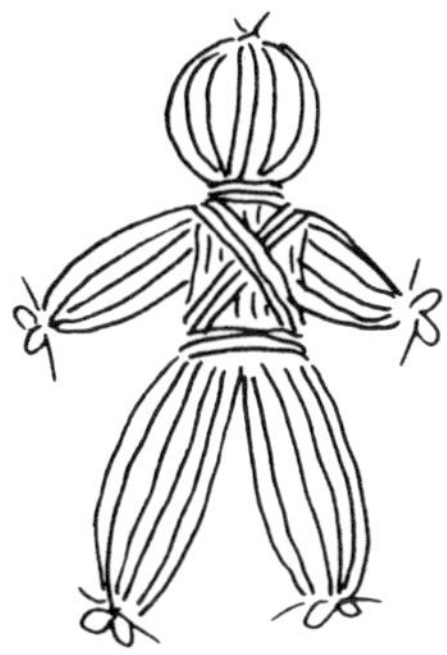

Abb. 24c

Die Arme: Dann wird Garn *quer* über das Stück Pappe gewickelt, aber nur *ein* Strang, für den der Faden etwa 40mal herumgelegt wird. Ganz außen wird wiederum mit Schleifchen umbunden, worauf man den Strang von der Pappe nimmt.

Die Arme werden direkt unter dem Hals in den Körper geschoben. Den noch am Hals hängenden Faden wickelt man darauf kreuzweise über Brust und Rücken und um die Taille der Puppe, siehe Abb. 24b und 24c. Dann vernäht man mit ein paar Stichen und schneidet den Faden ab.

Hände und Füße: Die Schleifchen werden entfernt, eine Häkelnadel, ein Stöckchen oder dgl. wird ganz außen in den Strang gesteckt und dieser ein paarmal mit Wollgarn umwunden, das dann vernäht wird.

Abb. 25

Das Püppchen ist nun fertig.
Mit Kleidern aus Filz und Haaren auf dem Kopf läßt sich das Aussehen der Puppen variieren. Ein einfacher Umhang – und wir haben schon einen Hirten für die Weihnachtskrippe. Man kann ihm noch einen Stab in die Hand stecken.

In Schweden wickelt man zu Weihnachten gern rote Wollpüppchen, die eine rote Zipfelmütze aus Filz bekommen. Die Füße dieser Wichtelmännchen werden in Siegellack getaucht, während man den Weiblein die Beine zu Röcken aufschneidet.

Auch Kinder können schon Kleidungsstücke aus Filz für solche Puppen nähen.

Abb. 26

Anziehpuppe

Diese Puppe aus hautfarbenem Trikot kann in jeder beliebigen Größe genäht werden. Wenn man das Schnittmuster im Buch verkleinert, bekommt man ein Püppchen für die Puppenstube. Arbeitet man die Puppe direkt nach Muster, hat man eine Alternative zur Barbie-Puppe. Die Puppen in der Zwischengröße sind bei Kindern ganz besonders beliebt und werden oft ihre unzertrennlichen Freunde. Die größte Puppe eignet sich gut zur Babypuppe oder als handfeste Puppe im Kindergartenalter. Beachten Sie bitte, daß das Muster in diesem Buch nur ein Vorschlag ist: Man kann Stoffpuppen nämlich auf verschiedene Art und Weise nähen.

Abb. 27

Seit jeher hat man zu Hause Puppen angefertigt – bis zum Erscheinen der Plastikpuppe. Sie wurden individuell aus allem möglichen verschiedenen Material geschaffen; man benutzte dazu, was man gerade zur Hand hatte, und jede Puppe war einzigartig.

Wie gesagt, die folgende Beschreibung ist nur *eine* von vielen Möglichkeiten, eine Stoffpuppe zu nähen. Ich hoffe wirklich, daß Sie, wenn Ihnen das Puppenmachen Freude bereitet, bald auf eigene Faust weiternähen:

Material:

- Hautfarbenes Trikot aus Baumwolle oder vorzugsweise Wolljersey.
- Gewaschene und kardätschte Wolle zum Ausstopfen der Puppe. Kindern, die gegen Schafwolle allergisch sind, füllt man die Puppe statt dessen mit Putzwolle aus Baumwolle oder synthetischer ‹Wolle›.
- Garn für das Haar. Es eignen sich dünne Wollgarne wie z. B. Möbelstoffgarn oder Mohair (für Allergiker nimmt man Baumwollgarn).
- Mullbindenschlauch entsprechender Größe oder einfaches weißes Baumwolltrikot zum Füllen mit Wolle (Mullbindenschlauch aus Baumwolle ist in der Apotheke erhältlich).
- Teppichkettgarn oder starker Baumwollbindfaden zum Knoten.
- Hautfarbenes Nähgarn; Garn für Augen und Mund.
- Stopfnadel, starke Nähnadel, Nähmaschine mit Nadel Nr. 70.

Puppen für kleine Kinder sollten hellhaarig sein, bei Älteren kann man sich bei der Wahl der Haut-, Augen- und Haarfarbe für die Puppe nach den Farben des Kindes richten, das sie bekommen soll. Es kann schwierig sein, dunkelbraunes Trikot in den Geschäften zu finden – aber vielleicht haben Sie noch irgendwo ein paar braune Unterhosen oder Pullis, die Sie nicht mehr tragen! Eine andere Möglichkeit wäre, selber zu färben. Wenn Sie die Wiederverwendung von Textilien befürworten, können Sie Ihre Puppe aus einem rosa Unterhemd, einer wollenen Hose oder auch aus abgelegten Strümpfen nähen.

Materialverbrauch

Im folgenden sind die Maße für vier verschiedene Größen angegeben. Der Materialverbrauch variiert daher.

Das Resultat – die fertige Puppe – kann ganz unterschiedlich ausfallen, je nachdem, wer sie gemacht hat. Diese Verschiedenheiten, die trotz Verwendung desselben Musters entstehen, liegen vor allem daran, daß sich die ungesponnene Wolle beim Ausstopfen der Puppe fest oder weniger fest packen läßt.

Tabelle 1: Materialverbrauch

Ungesponnene Wolle	Größenbezeichnung	Größe d. fertigen Puppe	Doppeltes Trikot f. d. Haut	Mullbindenschlauch	altes Baumwolltrikot
max. 100 g	A	20 cm	20×20 cm	20 cm	10×10 cm
max. 200 g	B	30 cm	30×30 cm	30 cm	15×15 cm
max. 300 g	C	40 cm	40×40 cm	40 cm	20×20 cm
max. 400 g	D	50 cm	50×50 cm	50 cm	25×25 cm

Der Materialverbrauch für das Garn, aus dem das Haar gearbeitet wird, ist von der Frisur abhängig. Keine Reste wegwerfen! Daraus läßt sich ganz sicher noch eine kleine Puppe schneidern.

Bei Größe C und D nimmt man am besten den Stoff doppelt. Die Puppe kann mit einem billigen Baumwolljersey gefüttert werden. Soll die Puppe besonders schlank werden, nimmt man einen Futterstoff, der sich nicht dehnt. Der Futterstoffverbrauch ist derselbe wie der für das Hauttrikot.

So wird's gemacht:

Der Kopf

Man beginnt damit, die Wollfüllung des Kopfes in den Mullbindenschlauch einzubinden. Man kann dazu auch gewöhnliches Baumwolltrikot nehmen, Beschreibung auf S. 149.

Binden Sie die eine Öffnung des Mullbindenschlauchs zu und krempeln Sie ihn um. Sie haben nun eine Tüte. Legen Sie nun längliche Strähnen ungesponnener Wolle in Form eines Sternes. Die vier Strähnen, zu denen man am besten langfaserige Wolle verwendet, werden leicht gezwirbelt; nehmen Sie reichlich Wolle dazu! Siehe Abb. 28a. Nun wird eine runde Kugel aus Wolle geformt – man kann auch ein Knäuel nehmen, das nicht färbt – und mitten auf den Stern gelegt wie in Abb. 28b.

Abb. 28 a

Abb. 28 b

Die eine Hand hält die Wollkugel, während man mit der anderen unter den Wollstern fährt und ihn über die Kugel hält, so daß die Wollsträhnen die Kugel umhüllen. Alles wird nun in die Mullbindentüte gesteckt (Abb. 29 a) und die Öffnung mit Kettgarn zugeknotet.

Abb. 29 a

Abb. 29 b

Das ist nun die Kugel für den Kopf, die ziemlich hart und verhältnismäßig groß sein muß. Abb. 29 b.

Halten Sie den Kopf hinter den bereits ausgestopften Körper und schätzen Sie, wo der Hals sitzen muß. An der Stelle hält man die Hand um die Kugel und bindet mit einem Stück Kettgarn den Hals ab. Knüpfen Sie einen Seemannsknoten (Abb. 30). Der so entstandene kleine Wulst unter dem Hals soll auch voll Wolle und ziemlich fest sein (Abb. 31).

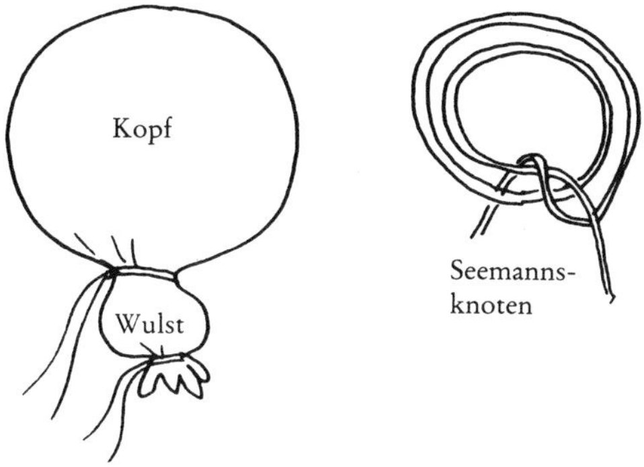

Abb. 30

Abb. 31 a

Abb. 31 b

Die unter dem Wulst hängenden Stoffzipfel werden nun mitsamt dem Knoten in den Wulst hineingedrückt und mit einigen großen Stichen mit Stopfnadel und Zwirn so zugenäht, daß nichts mehr davon zu sehen ist.

Abb. 32 a

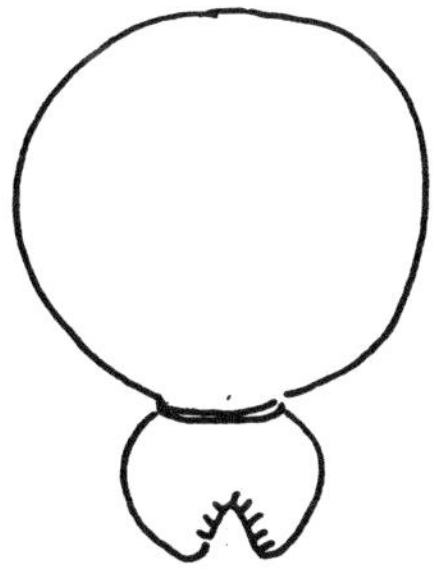

Von der Seite gesehen

Abb. 32 b

Darauf drücken Sie auch die soeben genähten Stiche in den Wulst und nähen neue darüber, so daß der Wulst nun viel kleiner und länglich ist; als ob es Schultern wären.

Damit ist auch schon entschieden, wo die Seiten des Kopfes sind, denn Schultern pflegen ja nicht vorn aus der Brust zu wachsen. (Abb. 33).

Der Wulst ist jetzt kleiner und härter.
Von vorne gesehen.

Abb. 33

Probieren Sie nun aus, ob Wulst und Hals nicht zu schwach sind: Nehmen Sie den Wulst in die Hand, so daß der Kopf nach oben steht und rütteln Sie ihn ordentlich hin und her. Wenn sich der Kopf dabei seitlich neigt, ist der Hals zu schwach.

Der Wulst darf höchstens 1/3 so groß sein wie der Kopf. Die Stabilität des Halses hängt davon ab, daß die Mullbinde am Hals genügend gespannt ist. (Wie man den Hals anders machen kann, wird auf S. 148 beschrieben.)

Vergleichen Sie die Vorder- und Rückseite des Kopfes! Wo haben wir das schönste Kinn? Eventuellen Unebenheiten der Kugel kann durch Massieren abgeholfen werden.

Abbinden der Kopfkugel

Um die Mitte der Kugel (Abb. 34) legt man zwei Schlingen doppeltes Teppichkettgarn zu einem Seemannsknoten und zieht fest zu. Die Schnur soll einschneiden. Noch einmal verknoten und den Knoten auf die Rückseite des Kopfes drehen, siehe Abb. 35 a. Das ist der Augenfaden.

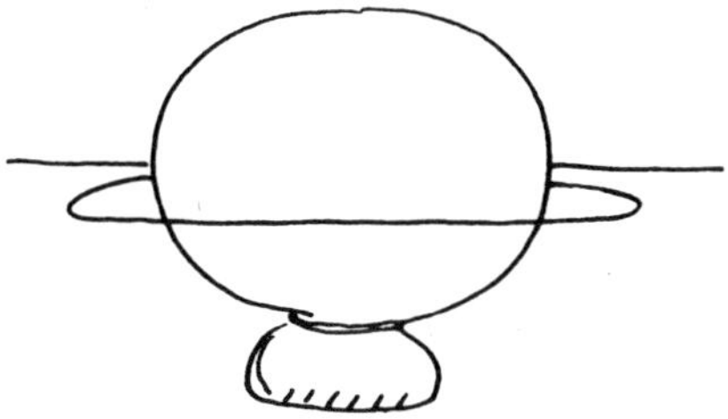

Abb. 34

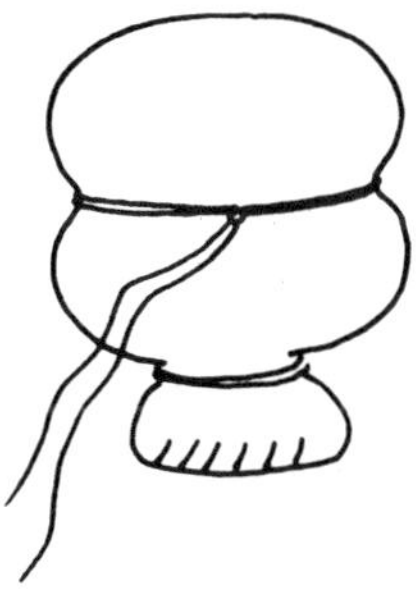

Abb. 35 a

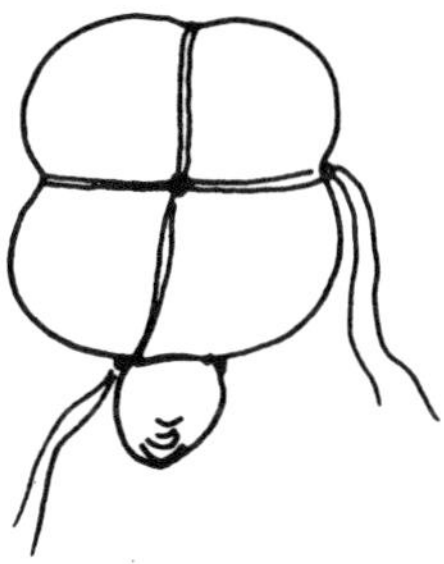

Abb. 35 b

Ist der Kopf zu lose gestopft, dann schneidet die Schnur so tief ein, daß es aussieht, als teile er sich in zwei Hälften. In dem Fall muß man alles aufmachen und die Kugel fester ausstopfen.

Ist der Kopf dagegen zu fest gestopft, bleibt er kugelrund, wie fest man auch zuschnürt. Trennen Sie ihn wieder auf und nehmen Sie etwas Wolle heraus!

Wenn wir mit dem Augenfaden fertig sind, wird ein zweites Stück Kettgarn im rechten Winkel zum ersten Faden festgeknotet. Legen Sie das Garn über den Scheitel der Kugel und lassen Sie es rechts und links ungefähr an der Stelle auf den Augenfaden treffen, wo man die Ohren vermuten kann. Der neue Faden wird erst unter dem ersten durchgezogen, dann um diesen herumgelegt und daraufhin bindet man die beiden Enden unter dem Kinn dicht am Hals zu; siehe Abb. 35 b.

Die Kreuzungspunkte an den Ohren mit ein paar Stichen gut am Kopf festnähen.

Jetzt wird der Nackenfaden hinuntergeschoben, so daß ein Hinterkopf entsteht, siehe Abb. 36.

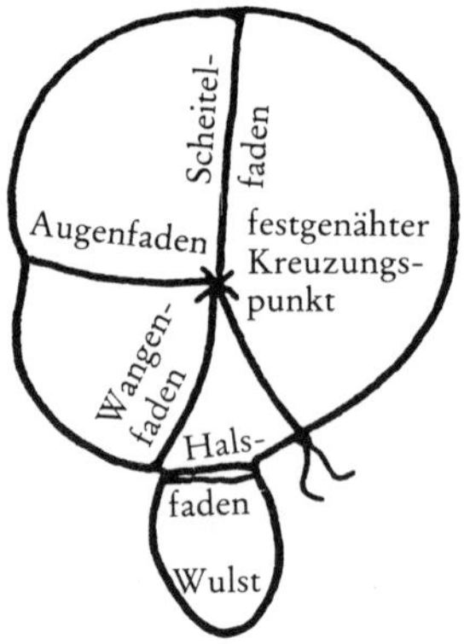

Abb. 36a

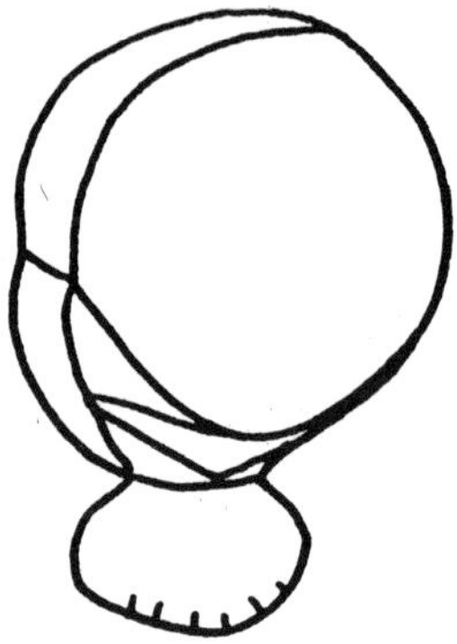

Abb. 36b

Sollte der Kopf Tendenz zu Mumps zeigen, wird die Wolle zu den Wangen oder zum Hinterkopf hin massiert. Der Nacken gelingt gut, wenn man die langen Fadenenden im Nacken kreuzweise zwischen den beiden Wangenfäden hin- und herschnürt wie in Abb. 36b und zum Schluß um den Hals verknotet. Dann noch ein Extraknoten an allen Fadenenden vor dem Abschneiden!

Überziehen der Kopfkugel mit Trikothaut

Legen Sie das Trikot für die Haut mit der Rechten nach innen doppelt, so daß die Stoffrippen parallel zum Stoffbruch verlaufen. Darauf wird die Kopfkugel gelegt, mit dem Gesicht zum Stoffbruch gerichtet. Ziehen Sie einen Strich am Nacken entlang bis zum Wulst. Vom Nacken aufwärts verläuft die Linie parallel zum Stoffrand. Auf der Maschine werden mit Zickzack zwei Nähte direkt auf der Linie genäht. Überflüssigen Stoff abschneiden und wenden.

(Wenn Sie Ihre Puppe in doppelt genommenem Stoff arbeiten, legen Sie auch für das Gesicht zwei Stoffstücke ineinander, so daß der Futterstoff beim Zeichnen und Nähen außen liegt.)

Ziehen Sie nun die Trikothaut von unten über den Kopf, so daß die Naht hinten in die Mitte zu liegen kommt. Dabei muß darauf geachtet werden, daß die Stoffrippen genau senkrecht über das Gesicht verlau-

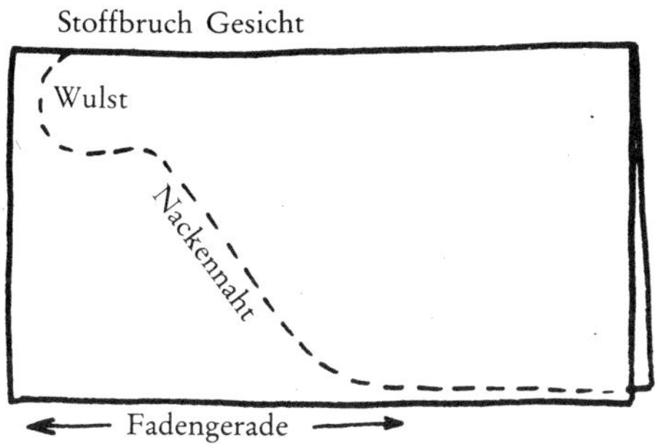

Abb. 37

fen. Den Stoff nach oben ziehen, so daß der Scheitel bedeckt ist. Oben mit der Hand zunähen, siehe Abb. 38!

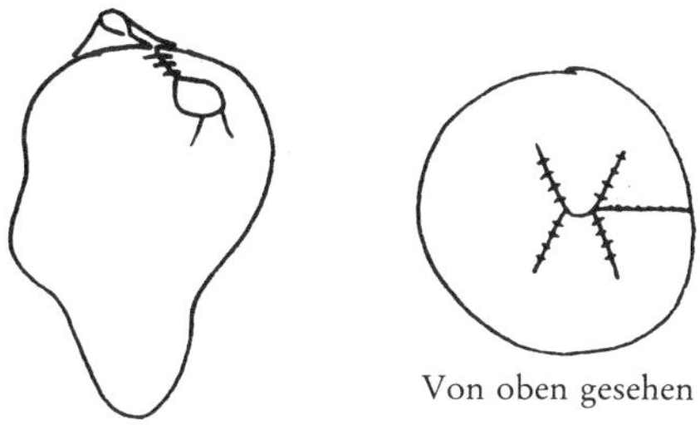

Abb. 38

Dann zieht man unten am Stoff, so daß er am Kopf ordentlich gespannt ist. Knoten Sie unter dem Wulst eine Schnur fest um den Stoff. Abb. 39.

Mit einem Seemannsknoten in Kettgarn wird unter dem Kinn abgebunden; genau über dem inneren Halsfaden. So bekommt die Puppe ein ganz glattes Kinn ohne Falten.

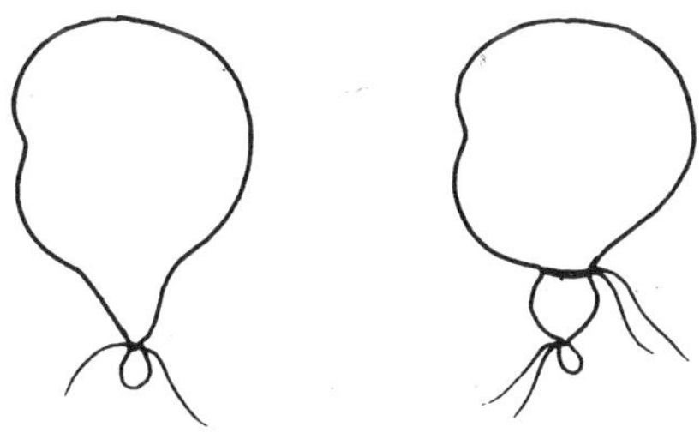
Abb. 39

Rumpf, Arme und Beine

Zeichnen Sie sich mehrere Muster auf einen Bogen Papier auf. Wählen Sie die Größe aus, die am besten zu dem Kopf paßt, den Sie angefertigt haben (vergl. S. 134: Zusammennähen der Puppe und Kontrolle ihrer Proportionen).

Das Muster hat die Form eines Rechtecks. Das Stück, das oben hinausragt, ist Nahtzugabe. Die beiden Rundungen unten sind die Zehen, siehe Abb. 40.

Beim Aufzeichnen gibt Ihnen Tabelle 2 über die Länge und Breite des Rechtecks Aufschluß. In dem Rechteck mit den gewünschten Maßen wird die Länge des Rumpfes abgemessen und unten mit einem Strich markiert. Dann messen Sie die Breite der Oberschenkel und der Zehen ab und verbinden die so erhaltenen Punkte miteinander; das sind die Beine. Sie sehen etwas lang aus, da ja später ein Stückchen für den Fuß hochgebogen wird.

Tabelle 2: Maße in cm für die verschiedenen Größen.

Größe	Länge	Breite	Rumpflänge	Oberschenkel-breite	Zehen
A	16	5	7,5	2,3	1,7
B	24	7	11,3	3,2	2,3
C	32	9	15	4	3
D	40	11	19	5	3,7

Es kommt nicht so haargenau auf den Millimeter an!

Wenn man das Muster vergrößern will, muß man für jeden cm in der Breite 4 cm in der Länge dazugeben.

Die Abbildungen 41 a und 41 b zeigen zwei verschiedene Vorschläge zu den Armen für die vier Größen. Die Arme in 41 a werden im Rumpf eingenäht, die Arme in 41 b werden außen am Rumpf festgenäht.

Verlängern Sie den Arm zu C und D selbst, indem Sie ihn auf Pauspapier zeichnen und auf das fertige Muster legen. Der Arm soll so lang wie der Rumpf sein. Vergl. Abb. 40 und Tabelle 2.

Das Stoffstück für den Kopf soll ein Rechteck sein mit den Maßen: die doppelte Breite der Puppe mal knapp die Länge der Puppe.

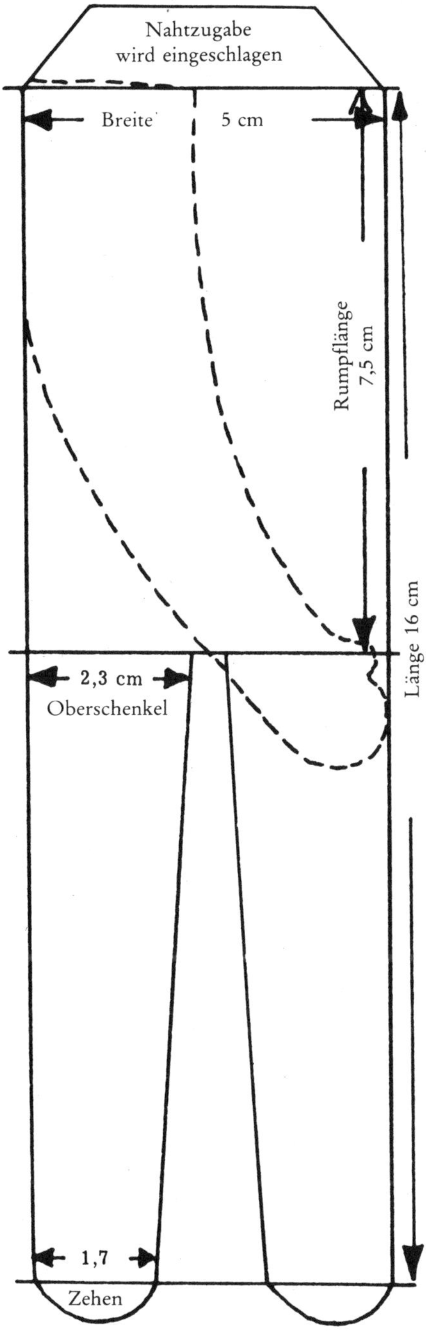

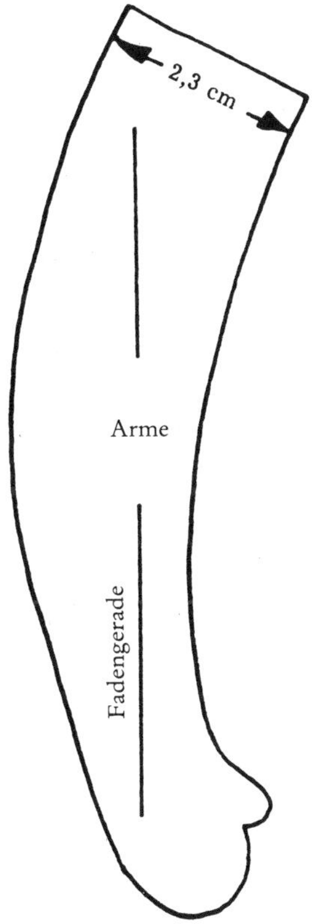

Abb. 40
Muster für die Anziehpuppe
Größe A

Abb. 41a
Vorschlag für die Arme.
Bitte C und D selber verlängern.

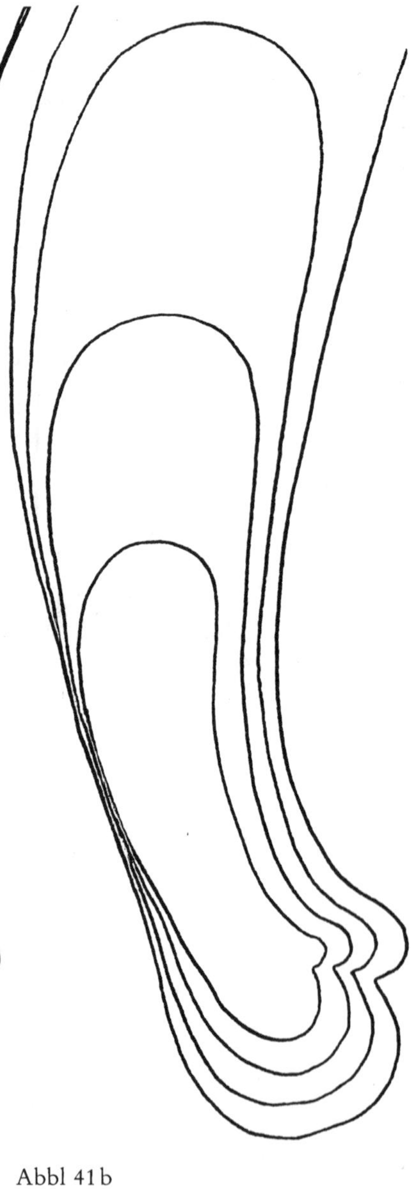

Abbl 41b
Alternative Arme: Man näht sie außen am Rumpf fest, nachdem Kopf und Rumpf verbunden wurden.

Für Größe A wären die Maße folglich ca. 10 x 15 cm. Beachten Sie, daß verschiedene Stoffqualitäten sich unterschiedlich dehnen, weshalb die eine Puppe dicker und die andere schlanker ausfallen kann.

Übertragen des Musters auf den Stoff

Abb. 42 zeigt, wie man die Musterteile auf den Stoff legen kann. Beim Auflegen bitte Fadenlauf beachten. Es muß rundherum mit mindestens 1/2 cm Nahtzugabe gerechnet werden.

(Größe C und D werden mit Futter besser! Nehmen Sie dazu billiges Baumwolltrikot. Es müssen also 4 Lagen Stoff sein: ganz unten Futter, in der Mitte 2 Lagen Hauttrikot und oben Futter. Das Muster wird auf das Futter aufgezeichnet. Wenn Sie alles zusammengenäht und ausgeschnitten haben, wird gewendet und das Futter ist jetzt innen.)

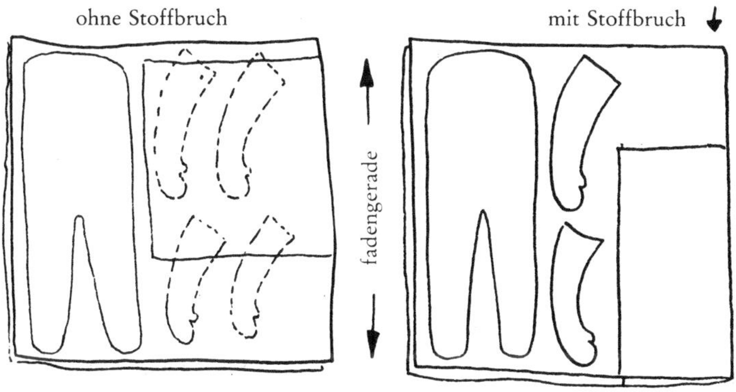

Abb. 42

Fahren Sie mit Kugelschreiber oder Bleistift um die Musterteile. Die Stofflagen werden mit einigen Stecknadeln zusammengeheftet und auf der Maschine mit ganz leichtem Zickzacksaum mit Nadel Nr. 70 *genau* auf der Linie zusammengenäht. Man näht zweimal, das zweite Mal etwas außerhalb der Linie. Körper sowie Arme oben offen lassen, siehe Abb. 43. Sollte Ihre Maschine keine Zickzacknaht haben, machen Sie ruhig gerade Nähte. Das geht auch.

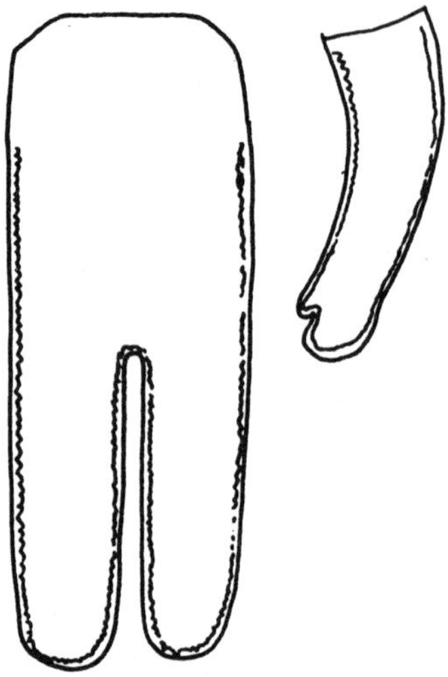

Abb. 43

Alles sauber ausschneiden. Im Schritt und zwischen Daumen und Zeigefinger so nah wie möglich an der Naht entlangschneiden, damit man wenden kann.

(Wenn Sie eine richtige Babypuppe mit krummen Beinen machen wollen: Nach Ausschneiden des Körpers machen Sie eine großzügige Querfalte in die hintere und innere Mitte der Beine und nähen dann diese Kniekehle auf der Maschine. Die Beine biegen sich nun nach schräg einwärts. Vergl. Abb. 67a, S. 151).

Körper und Arme wenden, Daumen herausziehen.

Ausstopfen von Rumpf und Armen

Legen sie zwei gleichgroße Wollbäusche für die Füße zurecht. Sie werden bis in die Füße hinuntergestopft. Dann setzt man eine Stecknadel quer darüber, so daß zwischen Fuß und Bein keine Wolle ist (Abb. 44a).

Für die Beine braucht man zwei ordentliche Ballen Wolle. Man krempelt das Bein herunter wie einen Strumpf, den man anziehen will, und drückt die Wolle in flauschigen Flocken, eine nach der anderen, in das Bein hinein, so daß sie wie Schalen ineinandergestapelt zu liegen kommen (Abb. 44b).

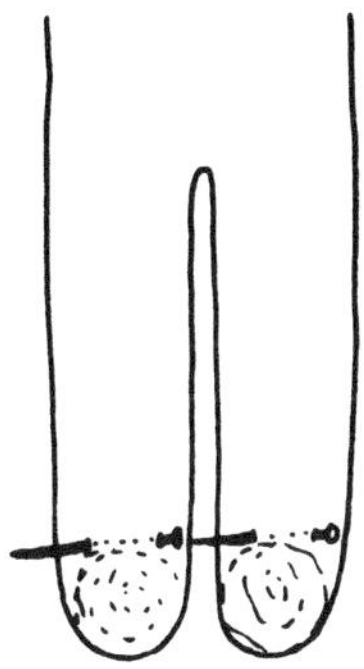

Abb. 44 a

Abb. 44 b

Wenn die Beine ordentlich ausgestopft sind, so daß die Puppe stehen kann, schließt man oben wieder mit einer Stecknadel ab.

Für den Körper braucht man einen großen Ballen ungesponnene Wolle. Je fester die Puppe ausgestopft ist, desto besser hält sie die Form und desto leichter kann man sie an- und ausziehen.

Dann werden die Arme gestopft. Bei den Armen, die im Rumpf eingenäht werden, muß das obere Drittel leer bleiben. Eine Stecknadel verhindert, daß die Wolle sich hochschiebt. Die Arme, die man außen festnäht, werden bis oben ausgestopft. Vergl. Abb. 45.

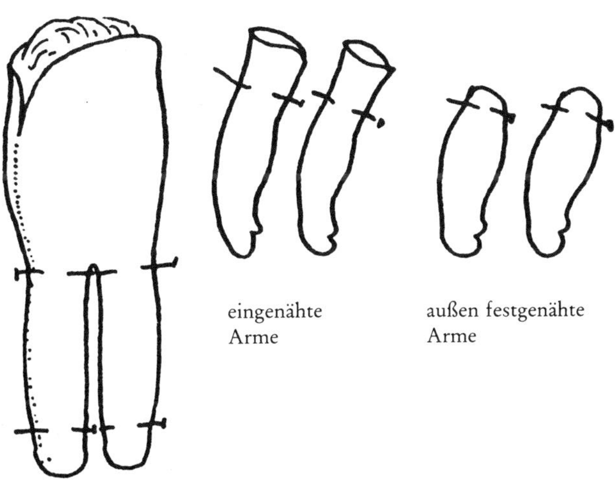

Abb. 45

Zusammennähen der Puppe und Kontrolle ihrer Proportionen

Vergleichen Sie nun die beiden Arme. Sind sie gleich fest gestopft? Fühlen Sie nach, ob auch die Beine gleich sind.

Beim Zusammennähen der Puppe muß man auf die Proportionen achten: 3 x die Höhe des Kopfes ist die Körperlänge; d. h. 1 1/2 x Kopfhöhe = Rumpf und 1 1/2 x Kopfhöhe = Beine. Kinder haben ja einen verhältnismäßig großen Kopf.

Rumpf und Beine werden gleich lang, da der Stoff an den Schultern

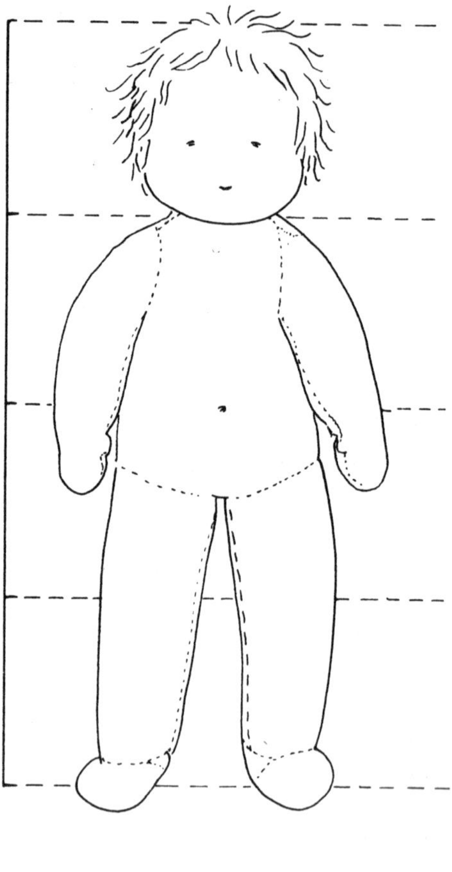

Abb. 46

eingeschlagen und die Füße hochgebogen werden. Die Arme sollen kürzer sein als die Beine und bis zum Schritt reichen. Mittelpunkt zwischen Scheitel und Sohle ist der Nabel.

Entfernen Sie nun die Stecknadeln oben von den Armen und legen Sie die Oberarme mit der Naht in der Mitte etwas übereinander, so wie es Abb. 47 zeigt. Die Daumen zeigen in dieselbe Richtung! Zusammennähen.

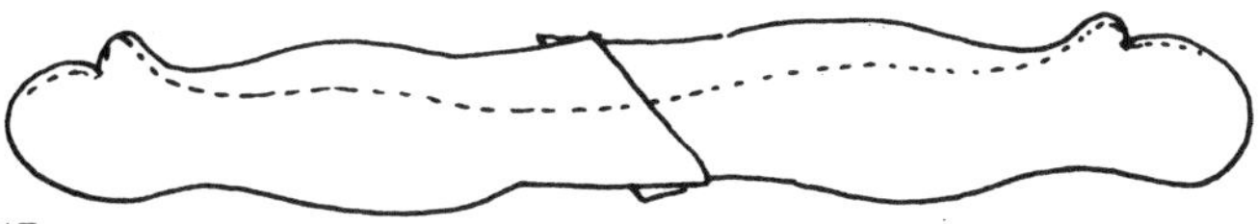

Abb. 47

Dann werden die zusammengenähten Arme an der Rückseite des Wulstes mit einigen großen Stichen festgeheftet. Siehe Abb. 48. Wenn der Wulst bucklig wird, macht man mit einer Stopfnadel und Zwirn ein paar Stiche von der Rückseite des Wulstes nach vorn und wieder zurück, wobei man jedesmal fest am Faden zieht, so daß der Wulst platter wird.

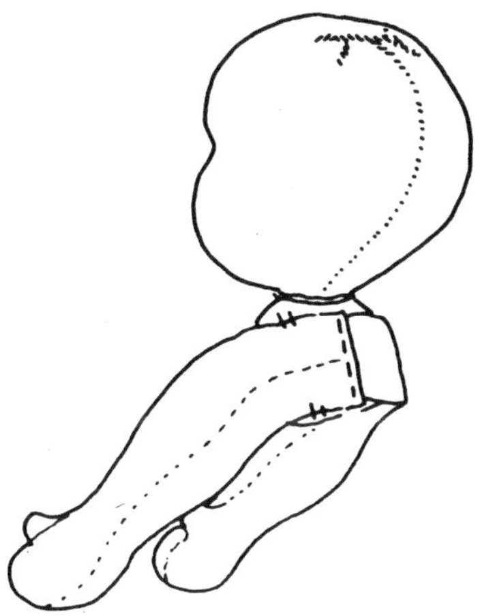

Abb. 48

Sehen Sie nach, welche Seite des Körpers sich am besten als Bauch eignet und stecken Sie Kopf und Arme oben in den Rumpf (Abb. 49a). (Wenn Sie eine Puppe mit Armen, die außen am Rumpf festgenäht sind, machen wollen, verfahren Sie in allem entsprechend Abb. 49b.)

Das obere Vorderteil des Körpers wird um die Wolle herum eingeschlagen und der Stoff am Hals direkt unter dem Kinn mit einer Nadel festgesteckt. Das Rückteil wird *mehr* als das Vorderteil einge-

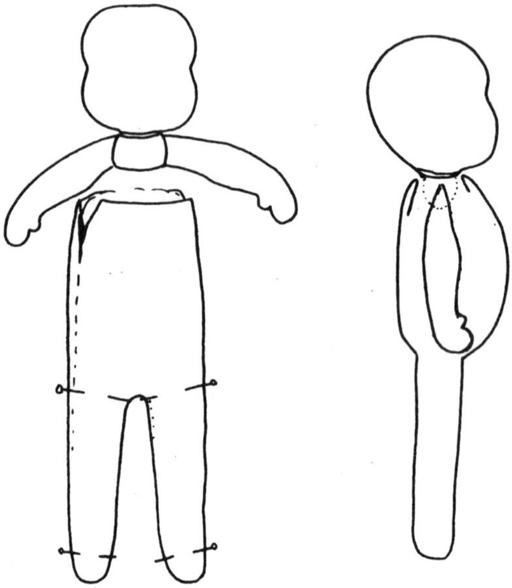

Abb. 49 a

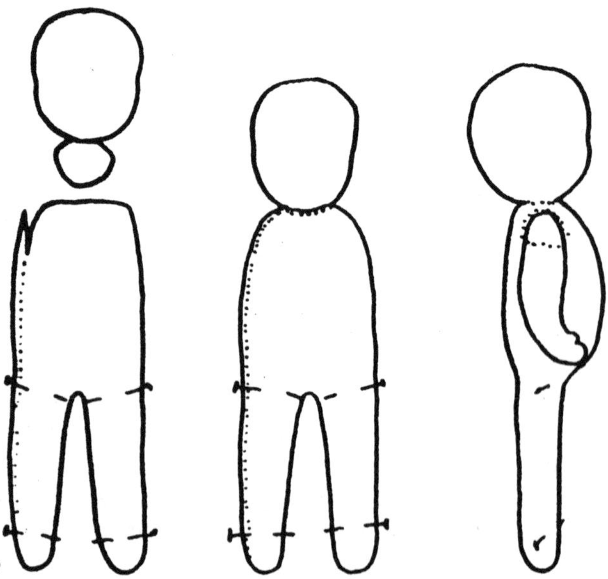

Abb. 49 b

schlagen und ebenfalls mit einer Stecknadel befestigt. Der Stoff auf dem Rücken muß nämlich fester gespannt sein, damit die Puppe einen geraden Rücken bekommt und vorn ein Bäuchlein.

Das Körpertrikot wird mit doppeltem Nähgarn am Hals festgenäht. Wenn Ihnen beim Nähen der Puppenkopf im Wege ist, können Sie auch große Stiche machen und mehrere Male rund um den Hals nähen, so daß die Naht strapazierfähig wird. Danach kommt die Reihe an die Schulternähte. Man fängt am Hals an und schlägt den Stoff nach außen hin mehr ein, damit die Schultern etwas abfallen.

Sieht das Armloch zu groß aus, müssen zuerst die Seitennähte des Körpers nach oben hin verlängert werden, so daß das Loch kleiner wird. Dann erst schlagen Sie den Stoff um das Armloch herum ein und nähen, nachdem Sie sich vergewissert haben, daß die Daumen schräg nach vorn zeigen, den Arm fest. Ein kleines Armloch ist viel strapazierfähiger und läßt außerdem dem Arm mehr Bewegungsfreiheit: die Puppe kann mit den Armen baumeln.

Die Puppe ist jetzt zusammengenäht, aber es fehlen noch eine Menge Details.

Abnähen der Beine, Hochbiegen der Füße etc.

Abnähen der Beine

Damit die Puppe auch sitzen kann und die Wolle sich nicht im Bein nach unten verschiebt, machen Sie eine schräge Quernaht über den Beinansatz mit dem tiefsten Punkt im Schritt. Man fängt außen an und sticht mit der Nadel hin und her durch das Bein hindurch zum Schritt hin. So ist es am einfachsten, beide Nähte im gleichen Winkel hinzubekommen. Siehe Abb. 46.

Hochbiegen der Füße

Die Stecknadeln an den Füßen entfernen und den Fuß im rechten Winkel zum Bein hochbiegen. Mit zweifacher Naht Fuß am Bein befestigen. Einen *starken* Kräuselfaden um die Fußgelenke durchziehen und leicht zusammenziehen. Da bekommt die Puppe hübschere Füßchen und eine angedeutete Ferse.

Handgelenke
Auch um die Handgelenke einen starken Kräuselfaden durch- und anziehen, dann vernähen. Das gibt der Hand ein kindlich-rundes Aussehen. Es sieht niedlich aus, wenn man bei der kleinsten Puppe nur die Unterseite des Handgelenkes kräuselt.

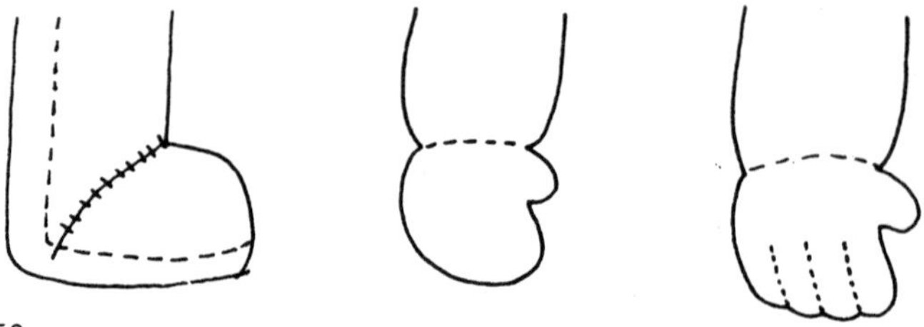

Abb. 50

Finger
Finger sind eigentlich überflüssig!

Soll die Puppe trotzdem welche bekommen, fangen Sie mit der Mittelnaht an und unterteilen die zwei Seiten wiederum mit je einer Naht. Fangen Sie innen an und nähen Sie in Richtung Fingerspitzen. Denken Sie daran, daß die Hand breiter wird, wenn man Finger näht. Wenn sie also schon vorher breit wirkt, sollte man sie zuerst an den Seiten einnähen.

Zehen
Werden ebenso genäht. Bei der großen Babypuppe können sie gut gelingen, aber meistens glücken sie nicht so besonders.

Nabel
Ein kleiner rosa Punkt aus Nähgarn.

Das Gesicht

Nase
Ist eigentlich nicht nötig. Sie hat die Tendenz, schnell schmutzig zu werden. Will man doch eine Nase machen, muß man ein winziges, mit Wolle gefülltes Stoffbällchen an der Kopfkugel festnähen, *bevor*

man sie mit der Trikothaut überzieht. Es ist sehr schwer, die richtige Stelle für die Nase zu finden und noch schwerer, Augen und Mund im gleichen Abstand davon anzubringen.

Augen

Probieren Sie mit Stecknadeln aus, wo Augen und Mund sein sollen. (Siehe S. 164: Zehn der gewöhnlichsten Fehler beim Puppenmachen.) Die Augen sollen auf dem Augenfaden liegen und am besten um ihn herumgenäht werden.

Nehmen Sie dazu eine lange, dünne Stopfnadel, die weit vom Auge, am besten von der Rückseite her, in den Kopf gestochen wird. Siehe Abb. 51!

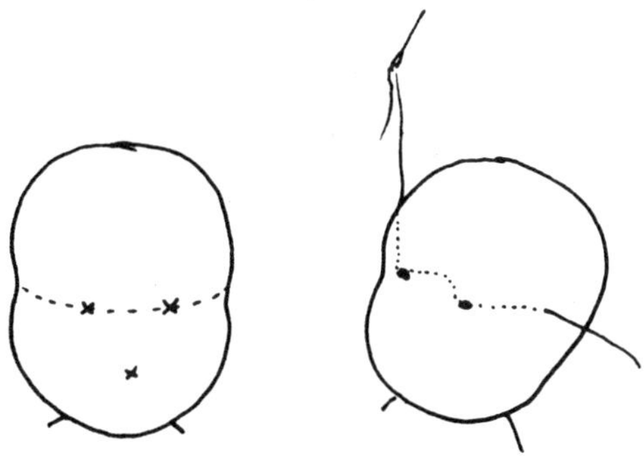

Abb. 51

Nähen Sie ein Auge mit dünnem Wollgarn, z. B. Stopfgarn. Die Stiche müssen gezählt werden, damit die Augen gleich werden. Von dem einen Auge zum andern sticht man mit der Nadel durch den Kopf und zum Schluß zum Nacken wieder heraus. Die Wollfüllung im Kopf hindert das Augengarn daran, herauszurutschen, so daß es nicht vernäht werden muß.

Mund

Der Mund wird so unter die Augen gesetzt, daß die drei Punkte ein gleichseitiges Dreieck bilden. Ein glänzendes rosa Garn eignet sich gut, aber da es glatt ist, halten die Stiche nicht. Nähen Sie also winzige Stiche, nah aneinander, zu einem kleinen, schwach lächelnden Mund.

Ist die Nadel lang genug, können Sie den Faden unten am Hals befestigen, direkt zum Mund hinaufstechen, die Stiche nähen und wieder zum Hals zurück, wo das Garn an der Halsnaht vernäht wird.

Wangen
Man kann der Puppe mit einem Wachsfarbstift rote Apfelbäckchen malen. Die Farbe reibt sich erstaunlich schnell wieder ab, zum Trost für den, der zuviel des Guten erwischt hat!

Damit hat das Puppenkind das Licht der Welt erblickt. Jetzt gilt es, der Versuchung zu widerstehen, es mit allerlei genähten Details wie Popo, Hüften und dgl. auszustatten.

Des Kindes Phantasie verleiht der Puppe alle gewünschten Attribute und Eigenschaften!

Das Haar

Hier kann man seiner Phantasie freien Lauf lassen! Beachten Sie aber, daß eine Puppe mit dünnem Haar, das die Kopfform hervorhebt, am niedlichsten wird und daß ihr besonders der Haaransatz ihr typisches Aussehen verleiht.

Damit das Haar lebendig wirkt, ist es von Vorteil, zwei ähnliche Farbnuancen des gleichen Garns zu mischen. Oder warum nicht mit Erlenrinde, Steinflechte, Rainfarn oder Birke selber färben?

Feingekräuseltes Wollgarn bekommt man durch Stricken des Garnes, Naßmachen, Trocknen und Wiederauftrennen des Gestrickten. Mit dickem Garn geht die Arbeit schnell vonstatten – falls es durch die Trikothaut durchgeht. Aber es wird leider nicht gut. Die Haut scheint dazwischen durch, und es sieht unnatürlich dick aus. Man kann der Puppe kaum die Mütze aufziehen.

Soll die Puppe Baumwollhaar bekommen, versuchen Sie am besten ein dünnes Webgarn in Baumwolle zu finden. Das gängige Häkel- und Strickgarn verschleißt nach einiger Zeit.

Frisuren

1. Glattes, gesticktes Haar
Nähen Sie eine Reihe großer, parallel liegender Spannstiche rund um den Kopf als Haaransatz und immer so weiter, Stich neben Stich, bis

Abb. 52

zum Wirbel auf dem Hinterkopf. Der ganze Kopf muß dicht bedeckt sein (Abb. 53).

Abb. 53

Dies wird ein sehr dauerhaftes Haar, das sich ausgezeichnet für die Puppe des kleinen Kindes eignet, da es nicht daran ziehen kann.

Später kann man einen dünnen Pony mit losen Fransen darannähen sowie ein kleines Haarbüschel am Wirbel. Will man das Haar ein bißchen flaumig haben, kann man Stiche aufschneiden oder am Schluß kurze, lose Fransen annähen.

Ein nicht ganz so ordentliches Kurzhaar kann man folgendermaßen arbeiten: Man spannt lange Stiche (quer über den halben Kopf) erst in die eine Richtung und dann in die andere, wie beim Strümpfestopfen durch die ersten Stiche hindurch, eins drunter, eins drüber. Hier und da läßt man ein paar Enden stehen – und die Puppe ist ein niedlicher, wuschelköpfiger Wildfang!

2. Kraushaar

Hier gibt es verschiedene Möglichkeiten: Machen Sie ein langes Fransenband oder eine Schnur aus sehr locker gehäkelten Luftmaschen, die in einer engen Spirale um den Kopf genäht wird. Entweder fängt man außen an und näht nach innen der Mitte zu oder umgekehrt.

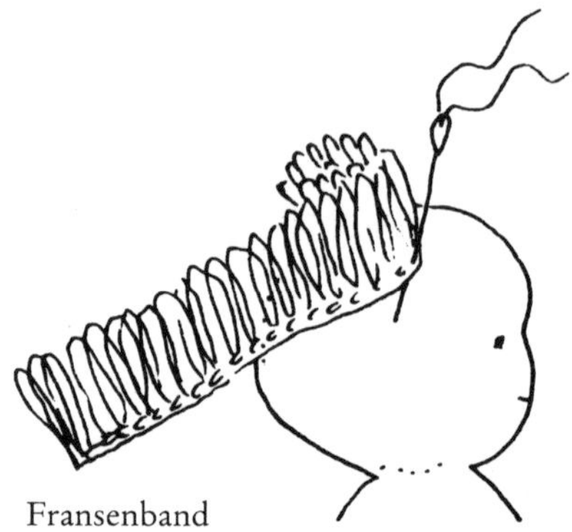

Abb. 54

Man kann auch erst eine Kappe häkeln und sie dann auf dem Kopf festnähen. Stellenweise Schlingen hochziehen!

Trennen Sie etwas Gestricktes auf und formen Sie daraus eine große Garnwolke. Sie wird auf dem Kopf sehr sorgfältig spiralenförmig mit Nähgarn festgenäht. Dabei muß man Ausdauer haben, damit das Haar nicht lose hängt und vielleicht sogar Stellen am Kopf ganz kahl bleiben.

Oder nähen Sie den ganzen Kopf voller kleiner Schlingen! Das nimmt bei weitem die längste Zeit in Anspruch, wird aber am strapazierfähigsten!

3. Kleine, feste Zöpfchen

Diese Frisur betont die Kopfform und sieht besonders echt aus. Arbeiten Sie ein glattes Haar entsprechend Alternative 1, aber so, daß ein Mittelscheitel zwischen den Stichen freibleibt. Um die Ohren läßt man hie und da lange Enden hängen – siehe Abb. 55 –, die dann zu niedlichen Mäuseschwänzchen geflochten werden. Ein wuscheliges Mohairgarn eignet sich dazu gut.

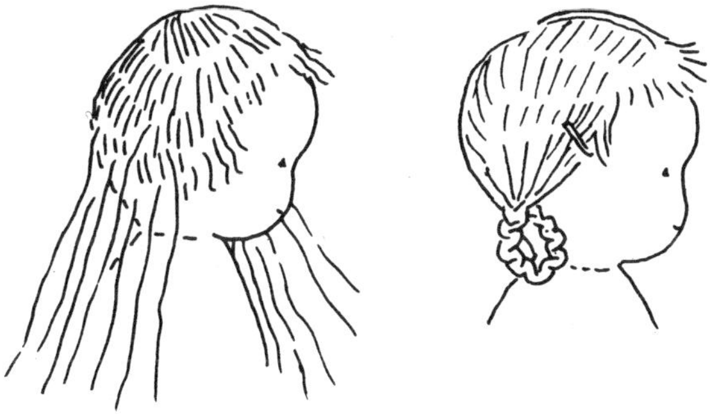

Abb. 55

4. Offenes Haar ohne Pony

Legen Sie eine dicke Schicht Garn über den Kopf wie in Abb. 56, und schneiden Sie es in der gewünschten Länge ab.

Ein Gummiband wird in Augenhöhe um Kopf und Haar gespannt, so daß das Garn während des Nähens nicht verrutschen kann. Sticken Sie den Scheitel mit Steppstich ungefähr bis dahin, wo er zum Nacken hin abzufallen beginnt. Noch einmal zurücksticken, je kleiner die Stiche, desto haltbarer wird das Haar.

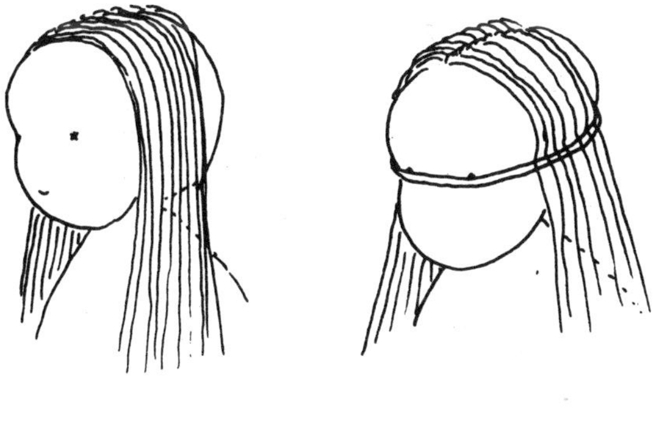

Abb. 56

Verteilen Sie das Haar, so daß auch der Nacken bedeckt ist. Mit kleinen Stichen eine Naht von Schläfe zu Schläfe an der Gummischnur entlangnähen. Kämmen Sie das Haar mit einem nicht zu feinzinkigen Kamm, so daß es beim Nähen glatt liegt. Diese Stichreihe verläuft also in Augenhöhe. Mit einigen langen Stichen, die ein wenig schräg laufen, wird das Haar oberhalb der eben gemachten Stichreihe am Kopf befestigt, damit es die Kopfhaut überall gut deckt. Dann wird das Haar im Nacken hochgehoben, worauf man wieder eine dünne Schicht davon fallen läßt, und man näht den unteren Haaransatz, siehe Abb. 57, wobei Platz für das imaginäre Puppenohr freigelassen werden soll!

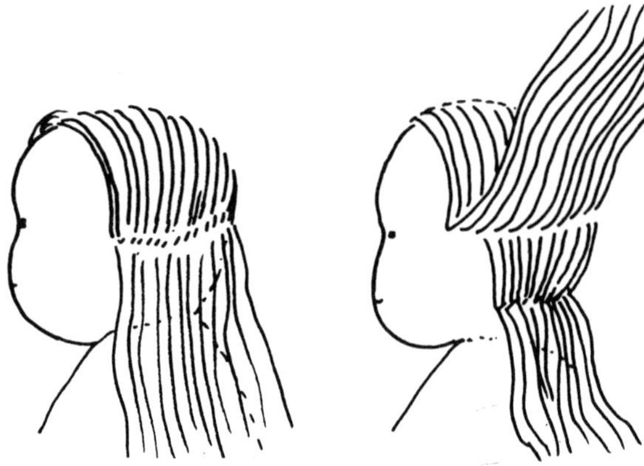

Abb. 57

Wenn das Haar dick genug liegt, kann man es in mehrere Schichten einteilen und jeweils mit Stichreihen befestigen, die parallel zu der ersten laufen.

Zum Schluß werden die Haare geordnet und frisiert.

5. Offenes Haar mit Pony

Man beginnt damit, eine dünne Schicht Unterhaar längs über den Kopf zu legen, die hinten bis in den Nacken reicht, und den Pony vorne gleichmäßig zu verteilen. Halten Sie das Haar mit der einen Hand fest, probieren Sie aus, wo der Haaransatz verlaufen soll, und nähen Sie da das Haar mit einer Reihe von Stichen fest. Kinder haben eine hohe Stirn!

Es werden noch mehrere Stichreihen quer über den Kopf gelegt, bis man zum Nacken kommt, siehe Abb. 58! Danach wird das Deckhaar, das quer zum Unterhaar verläuft, aufgelegt und ebenso befestigt wie in der vorhergehenden Beschreibung. Dann ordnet man das Haar.

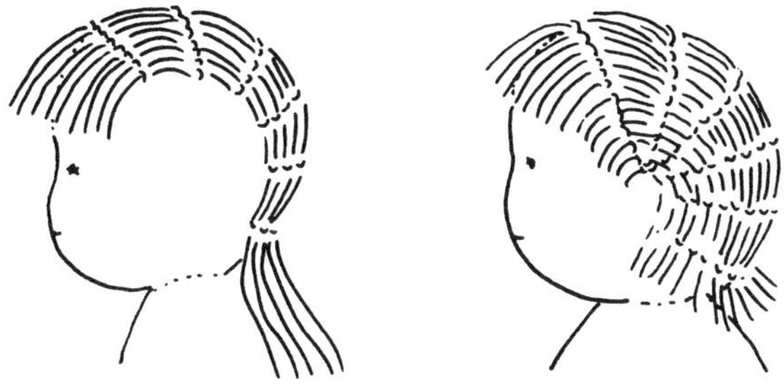

Abb. 58

6. Hochstehendes Haar, Igelkopf

Wer Geduld und Ausdauer hat, kann auf dem ganzen Kopf dicht nebeneinander Rya-Knoten knüpfen und dann die Schlingen aufschneiden. Das geht etwas schneller, wenn man wie in Beispiel 5 erst längs verlaufendes Unterhaar anbringt. Es soll eine dünne, aber dichte Haarschicht sein, die mehrmals mit Quernähten auf dem Kopf befestigt wird. Dann schneidet man das Haar im Nacken ab.

Ebenso wird auch weiter unten am Kopf Haar festgenäht bis zu dem gedachten Ohr, wie es Abb. 58 zeigt.

Dann werden die Schlingen gleichmäßig mit ca. 1 cm Abstand voneinander auf das Unterhaar geknüpft. Man fängt z. B. oben in der Mitte an und arbeitet langsam und systematisch nach außen. Halten Sie dabei die Hand über die bereits fertigen Schlingen, damit sie sich nicht bei jedem Stich mit dem Garn verheddern.

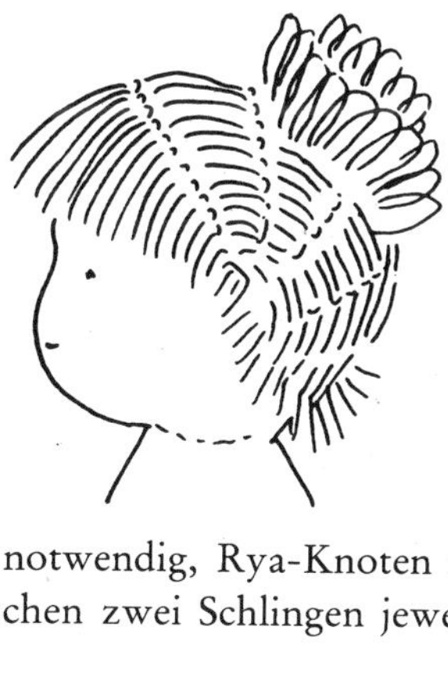

Abb. 59

Es ist nicht absolut notwendig, Rya-Knoten zu knüpfen, sondern man kann auch zwischen zwei Schlingen jeweils einen festen Stich

machen. Schlingen aufschneiden und die Frisur ordnen. Je länger die Schlingen werden oder sind, desto dicker sieht das fertige Haar aus.

Sollte der Faden dauernd reißen, kann das daran liegen, daß das Nadelöhr innen scharf ist. Probieren Sie es mit einer anderen Nadel! Kurze Fäden nehmen. Leider kann man auch keine Zeit gewinnen, indem man 4 Fäden durch das Nadelöhr zwängt, denn da geht das Garn nicht durch den Stoff.

Mit Kammgarn, einem Wollgarn, das stark ist und Glanz hat, läßt sich ausgezeichnet nähen. Haar aus Baumwolle oder Mohair kann man ohne weiteres mit Nähgarn festnähen, aber glattes Wollgarn rutscht leicht wieder aus den Nähgarnstichen heraus.

Jetzt ist die Puppe fertig! Wem sieht sie ähnlich?

◀ Abb. 60
Timotheus ist 30 cm groß und nach der Beschreibung für die Anziehpuppe genäht. Er hat schon mehrere Wäschen in der Maschine hinter sich, aber – nota bene! – ohne Beisein der Kinder. Allein bei dem Gedanken an die Puppe in der Wäscheschleuder kann Kindern angst und bange werden!

Tips, wie man die Puppe sonst noch machen kann

Der Hals

Abb. 61

Statt des Wulstes kann man einen Streifen Bettzeug zu einem harten Röllchen wickeln, es fest mit Teppichkettgarn umschnüren und als ‹Rückgrat› in den Hals einarbeiten.

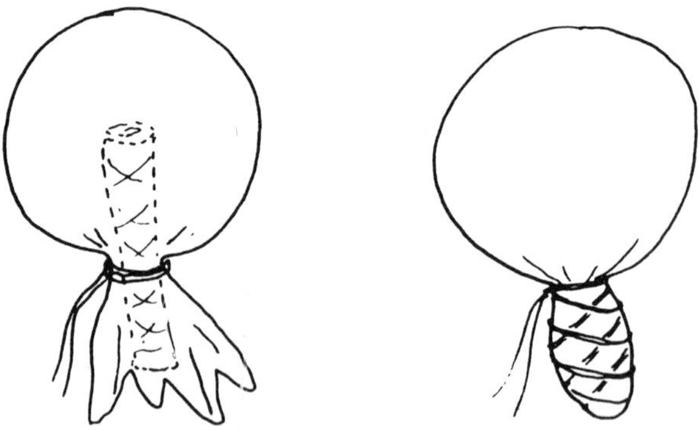

Abb. 62

Statt des Wulstes unter dem Kopf hat man bei dieser Methode einen länglichen Hals aus Stoff, um den man die Stoffzipfel wickelt, die unten am Puppenkopf hängen. Diese Art von Hals ist die beste Alternative, wenn man keine Möglichkeit hat, an langfaserige, ungesponnene Wolle zu kommen (Abb. 61 und 62).

Das Inlett für den Kopf

Der Bezug für die Wollfüllung des Kopfes kann statt aus Mullbindenschlauch auch aus gewöhnlichem Baumwolltrikot gefertigt werden. Damit die Kugel keine Falten bekommt, nähen wir zuerst ein Innensäckchen; ebenso breit wie der Puppenkörper und etwas länger als der Rumpf (Maße s. Tab. 2, S. 128). In dieses Säckchen wird der Wollstern gestopft, dessen Arme wir vorher um die Wollkugel geschlagen hatten, siehe Abb. 63.

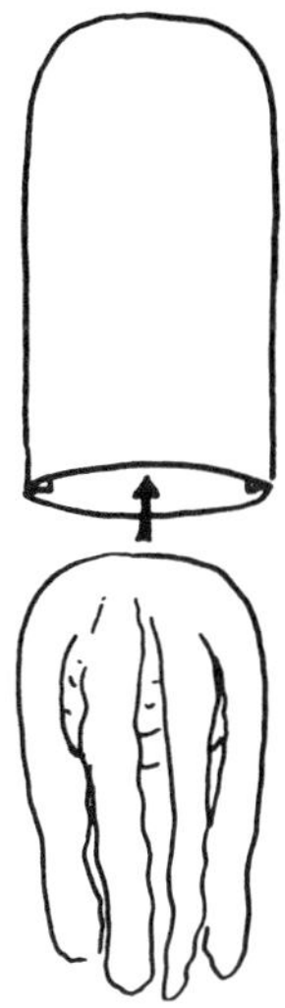

Abb. 63

Das Säckchen unten zunähen, den Hals abbinden, die Stiche in den Wulst drücken wie auf S. 123 beschrieben und wiederum zunähen, so daß der Wulst hart wird. Siehe Abb. 64 und 65!

Die Seitennähte des Säckchens müssen seitlich am Kopf zu liegen kommen, sonst sind sie durch das Hauttrikot sichtbar.

Der Rumpf

Der Rumpf kann auch aus einem wollenen Pullover gewickelt werden.

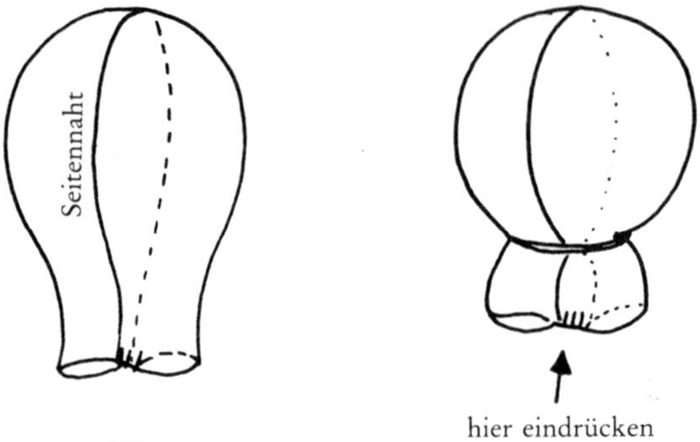

Abb. 64

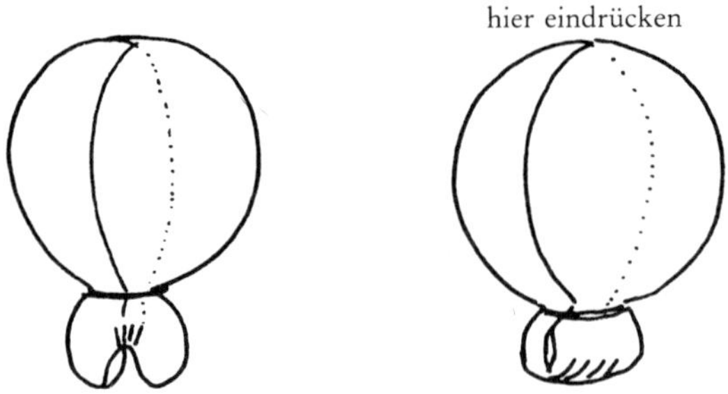

Abb. 65

Schneiden Sie die Ärmel ab und machen Sie eine Rolle aus dem Pulli. Halten Sie sie an den fertigen Kopf, ob sie als Rumpf paßt. Stecken Sie die Rolle in einen der abgeschnittenen Ärmel und nähen Sie mit ein paar großen Stichen zu. In dem so entstandenen Paket muß eine Öffnung zur Befestigung des Halses bleiben. Wenn man den Hals darin festnäht, sticht man dabei, wenn möglich, durch ihn hindurch.

Nun ist ja kein Wulst da, an dem die Arme befestigt werden können. Statt dessen trennt man die Nähte im oberen Drittel des Armes auf und näht diese Stoffstreifen an der Körperrolle fest, eine Bahn vorne, eine hinten, wie in Abb. 66.

Stopfen Sie die Beine mit ungesponnener Wolle aus, nähen Sie sie über dem Oberschenkel ab und ziehen Sie das Hauttrikot über den Puppenkörper. Um den Hals herum, an den Schultern entlang und zum Abschluß um die Arme festnähen.

So gemacht, wird die Puppe fest und schwer. Nach der Wäsche trocknet sie langsamer als die mit ungesponnener Wolle gefüllte.

Man kann die Puppe auch mit gewickelten Stücken und Streifen von Pullovern füllen, wenn man keine ungesponnene Wolle hat.

Abb. 66

Die Beine

Sie können auch einzeln genäht und an den Rumpf gefügt werden. Zeichnen Sie Ihr eigenes Muster, das zwei Beine im Profil zeigt, dazu zwei Fußsohlen. Siehe Abb. 67a. Diese krummen Babybeine halten die Form besser, als wenn man nur eine Falte in die Kniekehle näht. Aber für den Anfänger sind sie schwieriger.

Sie tun klug daran, erst einmal ein paar Beine zur Probe aus einem alten Unterhemd zu nähen. Wenn Sie auf diese Weise zu einem guten Ergebnis gekommen sind, überführen Sie das Muster auf den Stoff, nähen zweimal mit leichtem Zickzacksaum, schneiden aus und nähen

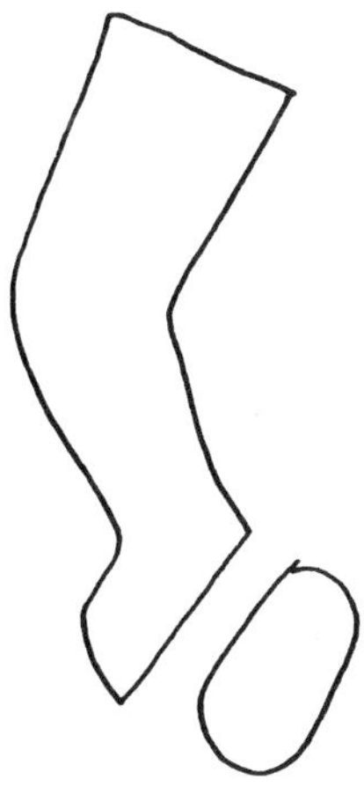

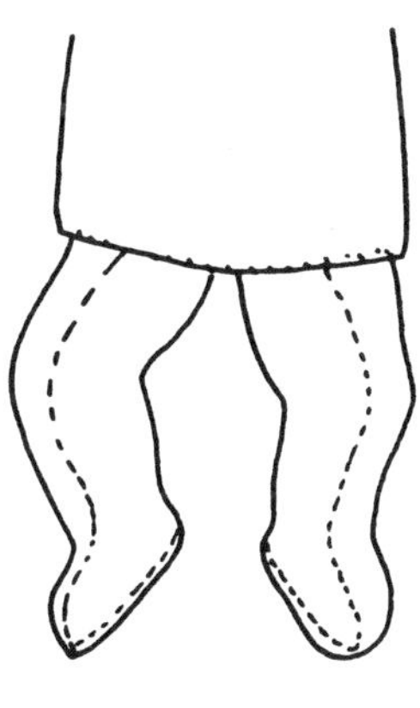

Abb. 67a

die Fußsohle fest. Wenden und fest mit Wolle ausstopfen. Dann wird jedes Bein oben quer zusammengenäht, so daß die Längsnähte vorne und hinten in der Mitte des Beines verlaufen. Körper ausstopfen und der Beschreibung gemäß weiterarbeiten.

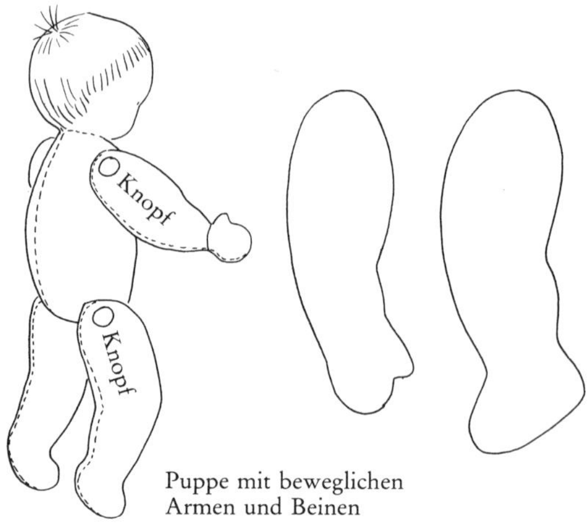

Abb. 67b

Puppe mit beweglichen Armen und Beinen

Puppe mit beweglichen Armen und Beinen

Für ältere Kinder kann man eine Puppe auch so machen, daß man Kopf und Rumpf auf gewöhnliche Weise verbindet, aber den Gesichtsstoff verlängert, so daß er über den ganzen Rumpf reicht. Zusammennähen und einen Faden um den Hals festkräuseln. Arme und Beine nähen, wie es der Schnitt in Abb. 67b zeigt; oben offenlassen. Wenden und ausstopfen, die offenen Stellen zunähen. Den Arm bzw. das Bein mit einem Knopf, der an der Außenseite plaziert wird, am Rumpf annähen. Man nimmt dazu einen starken Faden, den man mit einer langen, schmalen Stopfnadel quer durch den ganzen Rumpf zieht. Die Knöpfe bezieht man mit Körperstoff. Diese Puppe ist für Kleinkinder ungeeignet, weil Knöpfe sich lösen können.

Abb. 68: Maja mißt 40 cm. Ihr Hütchen und ihre Stiefel sind aus Fensterleder. Kinder begeistern sich oft für Kleider mit einer Menge Spitzen und Rüschen. Natürlich macht es ihnen großen Spaß, wenn ihre Puppe Kleider bekommt, die den eigenen gleichen. ▶

Kleider

Auch Puppen können sich erkälten! Lassen Sie sie nicht nackt in einer Ecke auf dem Boden liegen!

Beim Nähen von Puppenkleidern muß man an das Alter der Puppenmutter oder des Puppenvaters denken. Ein Zweijähriges bekommt eine Puppe mit festsitzenden Kleidern. Ein Dreijähriges möchte schon seine Puppe ausziehen können. Nähen Sie also in strapazierfähigem Material und mit einfachen Verschlüssen, wie Gummizug oder großen Knöpfen. Das Vierjährige kann einen Reißverschluß auf- und zumachen, und die meisten Sechsjährigen können eine Schleife binden.

Die Kleider sollen nicht zu knapp sitzen. Der Winteroverall muß so groß sein, daß die Puppe alle anderen Kleider darunter tragen kann!

Wählen Sie für die Puppengarderobe einfache, feste Stoffe, uni oder kleingemustert und in hellen, klaren Farben, nicht in bräunlichen oder mausgrauen Tönen. Es eignen sich Baumwolle, Wolle, Flanell, Filz, Samt, Frotté, Gestricktes und Gehäkeltes.

Große Puppenkleiderwäsche ist eine Beschäftigung, der sich alle Puppenmütter und -väter ab und zu voller Begeisterung widmen.

Ein paar Vorschläge zu einfachen Puppenkleidern

1. Kleidchen

Man mißt den Abstand zwischen den Händen der Puppe und den Abstand zwischen Kinn und der Stelle, wo der Saum des Kleidchens sein soll. Dann wird ein Viereck aus doppeltem Stoff mit diesen Maßen plus Nahtzugabe zugeschnitten. Nähen Sie die oberen Ärmelnähte zusammen. Das Halsloch muß groß sein.

Die Kante des Halsausschnitts wird gesäumt, so daß man ein dünnes Gummiband durchziehen kann. Unter dem Ärmel machen Sie einen

Abb. 69

Einschnitt und schneiden schräg nach unten und außen ab. Untere Ärmelnaht und Seitennaht schließen. Kleidchen wenden und der Puppe anprobieren, Ärmellänge und Rocksaum markieren. Säumen und Gummiband im Halsausschnitt einziehen.

2. Kleidchen, aus geraden Stücken genäht

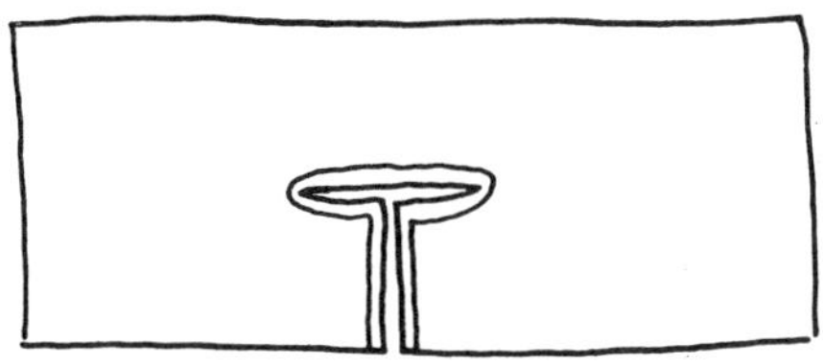

Abb. 70a

Abb. 70b

Den Abstand zwischen den Händen der Puppe und vom Kinn bis ungefähr zur Mitte des Rumpfes messen. (Ein Stückchen unter den Armen.)

Legen Sie den Stoff doppelt und schneiden Sie ihn mit diesen Maßen so zu, daß der Stoffbruch die obere Ärmelnaht ersetzt. Das Stück Stoff wird zum Ausschneiden des Halsloches noch einmal gefaltet. Dann vorn oder hinten in der Mitte bis zur unteren Kante aufschneiden und mit einem Band einfassen. Die Ärmel unten zunähen. Messen Sie ab, wo der Kopf sitzen soll. Ein längliches Stück für den Rock wird an der oberen Kante mit Kräuselfaden versehen und der Puppe um den Leib angepaßt. Am Leibchen rechts an rechts feststecken und annähen. Rock hinten ganz zunähen oder ein Stückchen davon offen lassen und mit Band versäubern. Säumen. Siehe Abb. 70 b!

3. Lange Hosen

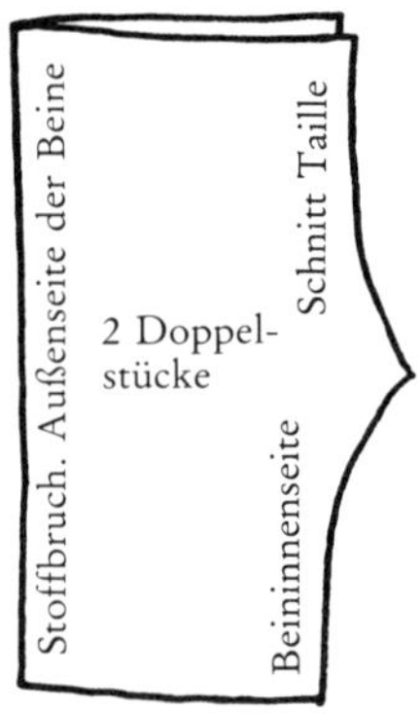

Abb. 71

Die Puppe um die Taille und von der Taille bis zum Fuß messen. In der Breite etwas zugeben! Zwei doppelte Stücke zuschneiden (mit Bruchkante der Länge nach). Die Außenseite des Beines liegt im Stoffbruch.

Markieren Sie mit einer Nadel die Mitte der offenen Längsseite und schneiden Sie die geschwungenen Kanten. Die Nadel bezeichnet den Schritt. Die Hosen müssen, um nicht herunterzurutschen, eine sehr hohe Taille haben, weil Puppenkörper verhältnismäßig rund sind.

Beine zusammennähen. Die beiden Teile rechts an rechts feststekken und von der Taille zum Schritt und auf der anderen Seite wieder hinauf zur Taille zunähen. Oben säumen und Gummiband einziehen, Hosenbeine ebenfalls säumen.

4. Unterhöschen

Puppentaille messen und ungefähr doppelt nehmen, dann Taille-Schritt abmessen. Ein Rechteck mit diesen Maßen wird in doppelt liegendem Stoff zugeschnitten und an den Seiten zugenäht. Oben und unten säumen und zwei Gummibänder durchziehen; mit einigen Stichen zwischen den Beinen zunähen.

Abb. 72

Man kann dazu auch die abgeschnittenen Ärmel eines abgelegten Unterhemdes oder den oberen Teil eines Strumpfes verwenden. An der abgeschnittenen Seite säumen und an den Beinen zunähen – und das Höschen ist fertig.

5. Strumpfhosen

Legen Sie das Muster, das Sie zum Zuschneiden der Puppe benutzten,

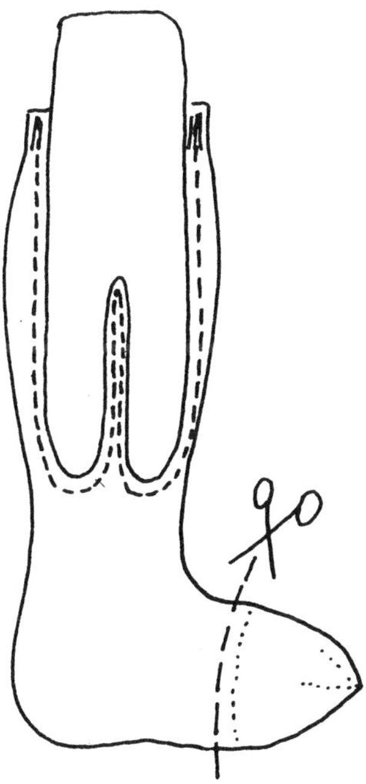

Abb. 73

auf einen Wollstrumpf oder ein Stück Trikot, das doppelt liegt. Fahren Sie mit einem Stift um das Muster und nähen Sie mit Zickzack etwas außerhalb der gezeichneten Linie. Ausschneiden und wenden. Wenn Sie einen Strumpf benutzt haben, ist oben schon ein Gummizug, sonst wird einer durchgezogen.

6. *Mütze*

Eine Baskenmütze beginnt man, indem man eine Kette von Luftmaschen häkelt, die um den Puppenkopf reicht. Man muß noch ein paar Maschen zugeben, da die Schnur sich beim Häkeln der nächsten Runde zusammenzieht. Immer rundherum häkeln und ab und zu eine Masche auslassen, so daß die Arbeit kleiner wird.

Man kann auch eine Art Häubchen aus einem länglichen Stück Stoff falten und an den Kanten mit Band einfassen. Messen Sie den Abstand von Ohr zu Ohr über den Scheitel und vom Ohr zur Nackenkuhle. Schneiden Sie ein Rechteck mit diesen Maßen zu. Die vorderen Ecken werden abgerundet. Legen Sie der Puppe das Stück Stoff auf den Kopf und lassen Sie die Schmalseiten über die Ohren herabfallen. Die hinteren Stoffkanten werden im Nacken zusammengeführt und der spitztütenförmige Zipfel nach unten gefaltet. Das Häubchen mit Nadeln zusammenstecken, vom Kopf absetzen und nähen. Rundherum mit Band versäubern und mit einem Knopf oder einem Bändchen zum Zubinden versehen.

7. *Stiefel*

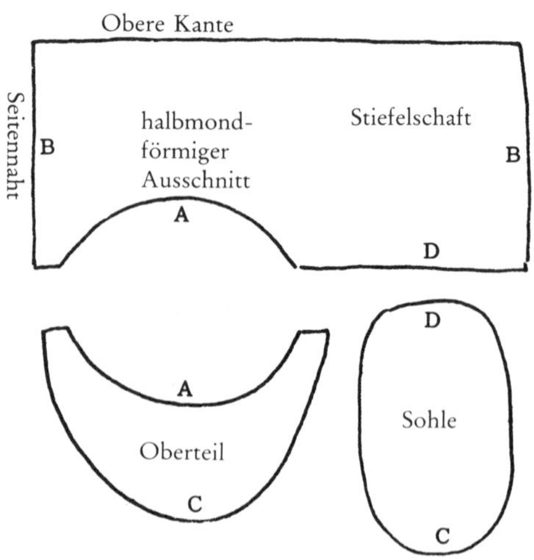

Abb. 74

Die Beine oberhalb des Fußes messen. Zeichnen Sie ein Rechteck mit diesem Maß als Längsseite und der gewünschten Schafthöhe als Querseite. Aus doppelt liegendem Stoff zuschneiden. Zeichnen Sie einen Halbmond, der so groß ist, daß er die Oberseite des Fußes bedeckt, plus Nahtzugabe, und schneiden Sie auch den Halbmond zweimal zu.

Nun wird eine Sohle, die die Größe der Fußsohle plus Nahtzugabe hat, aufgezeichnet und doppelt ausgeschnitten. Schneiden Sie eine halbmondförmige Einbuchtung aus der einen Längsseite des Stiefelschaftes aus. Der Bogen soll ungefähr die Hälfte der Längsseite ausmachen. So zusammennähen, wie die Teile in der Abb. liegen (A an A, B an B, etc.). Die Seitennaht wird zugenäht und am Schluß die Sohle befestigt.

Am besten eignen sich Filz oder Fensterleder für die Stiefel. Sie können ruhig große Stiche machen, damit es keine Geduldsprobe ist! Siehe auch Abb. 68 auf S. 153!

8. Pullover mit Kapuze

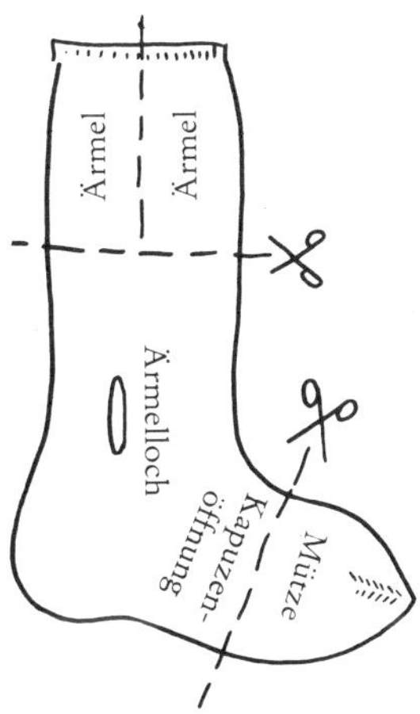

Abb. 75

Die Puppe auf dem Photo S. 68 hat einen Pullover an, der aus einem Strumpf genäht ist. Aus der Strumpfspitze macht man die Mütze, aus der Ferse die Kapuze. An den Seiten werden zwei Löcher für die Ärmel eingeschnitten. Dann wird der Strumpf abgeschnitten, man halbiert den Rest in zwei Ärmel, näht sie an den Seiten zusammen und setzt sie ein. Alle abgeschnittenen Kanten müssen sorgfältig gesäumt werden. Wenn Sie auch Hosen schneidern wollen, müssen Sie einen langen Strumpf verwenden.

Waschanleitung für Puppen

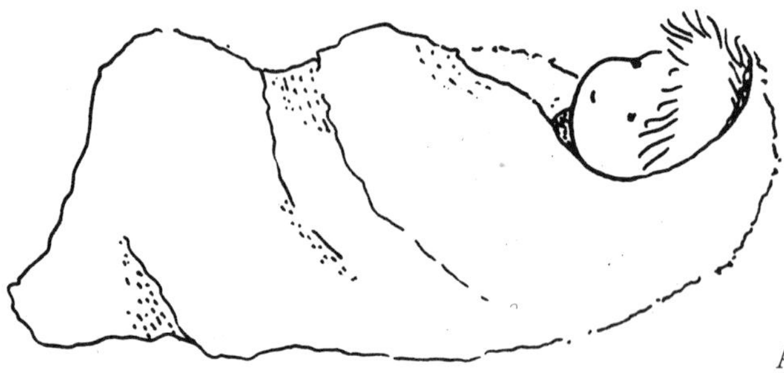

Abb. 76

Bei normaler Beschmutzung

Mit lauwarmem Wasser und Seife werden die schmutzigen Stellen mit einem Schwamm oder einer Nagelbürste bearbeitet. Mit dem Handtuch soviel Wasser wie möglich abtupfen und herausdrücken. Die Puppe zum Trocknen hochsetzen, aber nicht auf die Heizung! Wolle verträgt nicht mehr als 30 °. Das Wasser darf also auch nur handwarm sein. Die feinen Spiralen in den Wollfasern werden steif und brechen schließlich, wenn sie zu großen Temperaturunterschieden, synthetischen Waschmitteln und kräftiger Reibung ausgesetzt werden. Die Wolle verliert ihre Elastizität und ballt sich zu Klumpen.

Bei starker Beschmutzung

Alle im Buch beschriebenen Puppen können in der Waschmaschine im Schongang für Wolle gewaschen und kurz geschleudert werden. Benutzen Sie aber nur Seifenpulver!

Zum Trocknen wird die Puppe in ein Badetuch eingewickelt und hochgesetzt. Lassen Sie sie bequem sitzen, eine größere Puppe braucht mindestens zwei Tage zum Trocknen. Das Kind sollte vielleicht nicht dabei sein, wenn die Puppe in die Maschine kommt. Manchen Kindern kann bei diesem Anblick Angst werden.

Das Kind badet seine Puppe

Die Puppe kann auch ohne weiteres gebadet werden. Man sollte aber das Kind darauf vorbereiten, daß sie nur sehr langsam trocknet; besonders, wenn man sie nicht schleudern will. Das Kind kann die Puppe einseifen und reiben und sie dann im Wasser ausdrücken, so daß die Seife herausgespült wird. Helfen Sie dem Kind, die Puppe aus dem Bad zu nehmen, denn dabei strömt das Wasser in wahren Sturzfluten aus ihr heraus!

Bevor man die Puppe in das Handtuch einwickelt, muß man kontrollieren, daß sie ihre Form bewahrt. Manchmal dehnen sich Arme, Beine und Körper so in die Breite, daß die Puppe ihre Proportionen ganz verliert. Durch sorgfältiges Ausdrücken und Zurechtziehen nimmt sie jedoch ihre urspüngliche Form wieder an.

Reparaturen und Änderungen

Man sollte Kinder nicht mit Puppen spielen lassen, die nicht heil sind. So eine Puppe ist ‹krank› und braucht also Pflege. Wenn wir sie vernachlässigen, kann sich ein Kind mit lebhaftem Einfühlungsvermögen darüber beunruhigen, daß wir auch nicht merken, wenn es selber krank ist.

Abgesehen davon übt eine zerrissene Puppe natürlich keinen positiven Einfluß auf ein Kind aus; und schon gar nicht, wenn es die Lieblingspuppe ist.

Zehn der gewöhnlichsten Fehler beim Puppenmachen

1. Die Puppe ist zu lose ausgestopft

Wenn man die Puppe hinstellt, knicken die Knie nach hinten ein statt nach vorne, und wenn man ihr auf den Bauch drückt, sinkt man mit den Fingern bis zum Rücken ein.

Gegenmaßnahme: An den Seitennähten oder unter den Armen auftrennen, mehr Wolle nachfüllen. Wenn sich die Wollfüllung ganz unten in den Beinen zusammengeklumpt hat, nimmt man sie heraus und kardätscht oder zupft sie, so daß sie wieder füllig wird. Dann wird die Puppe wieder gestopft.

2. Die Arme sind ungleich oder zu lang

Die Armlänge wird gemessen, indem man beide Arme seitlich an den Puppenkörper drückt. Der Daumen soll ungefähr die Trennungsnaht zwischen Rumpf und Bein berühren. Zu kurze Arme sehen besser aus als zu lange!

Gegenmaßnahme: Man kürzt einen Arm, indem man die Naht im Armloch auftrennt und den Oberarm fest mit Teppichkettgarn um soviel abbindet, wie der Arm kürzer sein soll. Das überflüssige Stück drückt man in den Körper und näht den Arm direkt unter der Abbindung wieder fest.

3. Die Schultern sind verschieden breit

Beim Zusammennähen der Puppe hat sich der Stoff ungleich rechts und links vom Hals verteilt.

Gegenmaßnahme: Sehen Sie nach, wo die Mittellinie des Körpers ist, indem Sie den Rippen des Hauttrikots vom Schritt zwischen den Beinen bis hinauf zum Kinn folgen. Wenn die ‹Mittelrippe› schräg nach oben verläuft und rechts oder links vom Kopf auf die Schulternaht trifft, müssen die Schulter- und Halsnähte aufgetrennt werden. Wenn man wieder zunäht, muß man darauf achten, daß die Stoffmitte direkt unter das Kinn kommt.

4. Die Puppe hat einen runden Rücken

Abb. 77

In diesem Fall ist der Stoff im Rücken nicht ordentlich gestreckt oder der Wulst zu dick.

Gegenmaßnahme: Wenn der Fehler am Wulst liegt, muß die Puppe wohl oder übel aufgetrennt und der Wulst mit ein paar starken Stichen zusammengezogen und dadurch flacher gemacht werden.

Man braucht dagegen nicht zu trennen, wenn der Stoff im Rücken nicht genügend gespannt ist. In diesem Falle legt man einfach eine breite Falte zum Nacken hinauf und bringt die neue Halsnaht direkt auf der alten an.

5. Der Kopf sitzt schief

Die Puppe legt den Kopf auf die Seite. Wahrscheinlich haben Sie die Arme schief am Halswulst festgenäht.

Gegenmaßnahme: Es ist meist schwierig, diesen Fehler zu korrigieren, ohne alles aufzutrennen und die Arme richtig am Wulst zu befestigen. Versuchen Sie jedenfalls erst den Fehler so zu beheben, indem Sie um den Hals herum auftrennen, den Kopf zurechtdrehen und dann wieder zunähen.

6. Das Gesicht sitzt schief im Kopf

Wahrscheinlich ist auch der Haaransatz nicht gerade.

Gegenmaßnahme: Augen und Mund vorsichtig mit der Nagelschere auftrennen. Mit Stecknadeln neue Augen und Mund markieren. Es ist leichter zu kontrollieren, ob das Gesicht jetzt gerade ist, wenn man die Puppe mit etwas Abstand betrachtet oder sie sich im Spiegel anschaut. Die Puppe soll geradeaus sehen. In dem Dreieck Augen – Mund sollen die Punkte gleich weit voneinander entfernt sein (siehe Abb. 78).

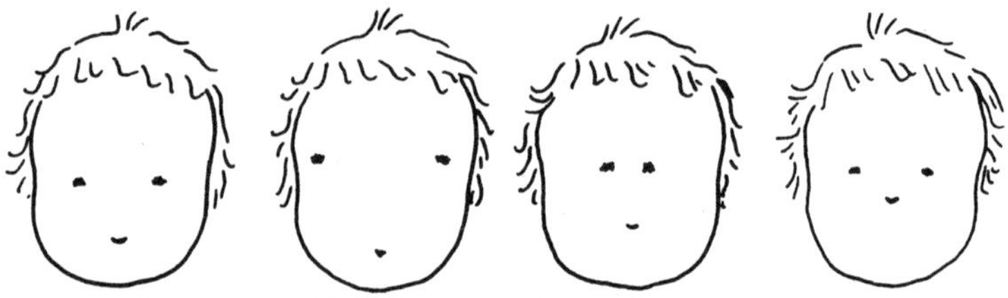

So ist der Abstand gut — Tierisches Aussehen — Die Augen liegen zu eng — Mund oder Nase?

Abb. 78

Die Augen müssen auf dem Augenfaden liegen. Aber wenn die Schnur im Kopf schief verläuft, muß man erst versuchen, durch Massieren die Wolle so zu verschieben, daß sie unter den Faden gelangt und die Augenlinie begradigt wird. Dann werden neue Punkte gestickt.

Feuchtet man den Stoff ein wenig an, wo die alten Punkte saßen, dann zieht er sich wieder zusammen und man sieht keine Löcher mehr.

Wenn der Haaransatz zu tief in der Stirn liegt, kann man auch hier Stiche auftrennen und die Löcher im Stoff anfeuchten. Eine Puppe mit hoher Stirn sieht niedlich aus und macht einen kindlichen Eindruck.

7. Laufmaschen und Löcher an den Maschinennähten

Die Ursache ist eine zu grobe Maschinennadel. Manche Trikots vertragen keine stärkere Nadel als Nr. 70, ohne Löcher zu bekommen.

Gegenmaßnahme: Die Naht mit der Hand nachnähen, so daß die Fehler in der neuen Naht verschwinden. Das Handgenähte hält im allgemeinen auch länger als das Maschinengenähte.

8. Zu kurze Beine

Sind die Beine kürzer als der Körper und die Füße zu groß?

Gegenmaßnahme: Wenn die Füße zu groß geraten sind, muß man sie auftrennen und kleinere nähen, damit die Beine länger werden.

Ist das Bein trotz winzigem Fuß zu kurz, liegt das entweder daran, daß das Bein so fest gestopft ist, daß es sich in die Breite gezogen hat, oder daran, daß das Muster zu kurz war. In diesem Fall näht man neue Füßchen, die unten angesetzt werden. Zuerst wird getrennt und die Füße heruntergebogen. Zeichnen Sie dann zwei Extrafüße mit Hilfe der Füße des Puppenschnittmusters plus ca. 5 cm Bein auf ein Stückchen Trikot, nähen Sie die Füße, schneiden Sie sie aus und wenden Sie sie dann. Sie sehen wie kleine Säckchen aus und werden mit Wolle vollgestopft. Die obere Kante der Öffnung wird ein Stück eingeschlagen; die untere etwas weniger. Den Fuß erst feststecken und dann am Bein annähen.

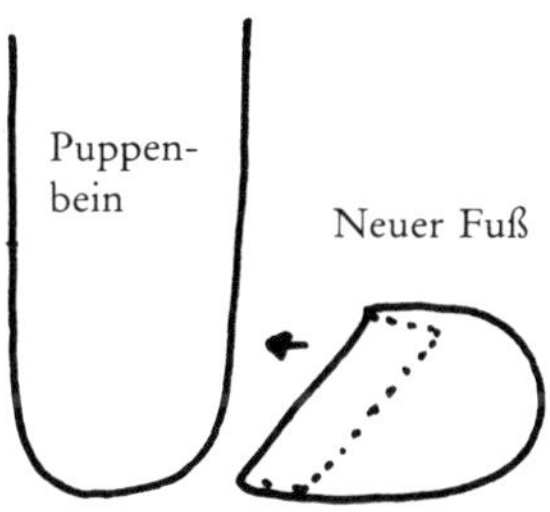

Abb. 79

9. Die Wollfasern arbeiten sich durch den Stoff heraus

Trotz Verwendung des gleichen Stoffes kann es rätselhafterweise passieren, daß die Wolle manchmal wieder zum Stoff heraus will und manchmal nicht.

Gegenmaßnahme: Mit dem Handrasierer über die Puppe fahren! Nicht die Fasern herausziehen, es kommen nämlich ununterbrochen neue heraus! Schlimmstenfalls muß man die Puppe noch einmal mit

Stoff beziehen; wenn er doppelt liegt, kann die Wolle nicht mehr heraus.

10. Die Puppe hat schütteres Haar
Man sieht die Kopfhaut zwischen den Haaren.

Gegenmaßnahme: Wenn Sie noch ein wenig Haargarn oder eine ähnliche Wolle haben, können Sie leicht das Haar dichter machen. Mit langen Stichen, die parallel mit den Haaren verlaufen, die Lücken schließen oder eine neue Schicht über der alten festnähen.

Wenn die geliebte Puppe vollkommen zerschlissen ist

Der Stoff besteht nur noch aus Fetzen, die Wolle guckt zu den Händen und Füßen heraus, aber das Kind weigert sich, sich von seiner geliebten Puppe zu trennen. Sie können vorschlagen, daß die Puppe eine Zeitlang ins Krankenhaus kommt. Wenn das Kind einwilligt, muß es darauf vorbereitet werden, daß sie sich wahrscheinlich etwas verändert hat, wenn sie wieder nach Hause kommt.

Die erste Etappe beim Restaurieren der Puppe ist, einen ganz neuen Rumpf und neue Arme und Beine zu nähen. Der alte Rumpf wird aufgetrennt, die Wolle herausgenommen, gezupft oder kardätscht, so daß sie füllig wird, der neue Rumpf damit gestopft und der alte Kopf darangenäht. Dann darf die Puppe für einige Zeit aus dem Krankenhaus zurückkommen. Für das Kind ist sie dann immer noch die gute, alte Puppe, obwohl sie einen neuen Körper bekommen hat.

Wenn es dann soweit ist, daß auch der Kopf repariert werden muß, kommt sie wieder ins Krankenhaus. Ist das Haar der Puppe noch brauchbar, reicht es, neuen Stoff über das alte Gesicht zu spannen, wobei die Naht im Haaransatz versteckt wird, und neue Punkte ins Gesicht zu sticken. Nach dieser plastischen Operation hat sie ihr Aussehen nicht allzusehr verändert.

Wenn gar nichts mehr zu retten ist, muß sie einen ganz neuen Kopf bekommen. Lassen Sie die Reste diskret verschwinden, so daß das Kind sie nicht zu Gesicht bekommt. Besorgen Sie neues Garn für das Haar in derselben Farbe und Qualität wie das alte.

Wenn dann die Puppe fertig ist und wieder heimkommt, hat das Kind seinen vertrauten Liebling wieder, und doch ist es nun eine ganz neue Puppe!

Natürlich sind nicht alle Kinder so stark an eine bestimmte Puppe gebunden. Man kann dem Kind selbstverständlich auch eine ganz andere neue Puppe statt der alten machen, vielleicht sogar eine, die mit mehr Details und besserer Ausstattung versehen ist, nachdem das Kind ja älter geworden ist. Eventuell gibt man ihm eine kleinere Puppe statt der großen, mit der es jahrelang gespielt hatte.

Dritter Teil: Elternkurs

Elternkurs

Dieses Buch kann auch als Arbeitsmaterial für einen Elternkurs benutzt werden. Der folgende Plan zeigt beispielhaft, wie ein solcher Kurs aufgebaut werden kann.

Der Plan ist darauf ausgerichtet, die Kursteilnehmer nicht nur zur Herstellung verschiedener Stoffpuppenmodelle zu befähigen, sondern ihnen auch wachsendes Verständnis für die Bedeutung freien, schöpferischen Spiels bei der Entwicklung des Kindes zu vermitteln und sie auf den wichtigen Einfluß erwachsener Vorbilder und die Wirkung von Spielzeug und Puppen einfacher Art auf die kindliche Phantasie hinzuweisen.

Beim ersten Treffen der Gruppe bespricht man die späteren Zusammenkünfte. Sowohl das Arbeitstempo als auch die Vorkenntnisse der Teilnehmer pflegen unterschiedlich zu sein! Es ist vorteilhaft, wenn der Kursleiter vorher einige der im Buch beschriebenen Puppen angefertigt hat. Wenn das nicht möglich war, können vielleicht ein paar Stoffpuppen dieser Art geliehen werden, damit die Teilnehmer sie in die Hand nehmen und anschauen können.

Der Kursleiter schneidet am besten schon im voraus die Muster für die verschiedenen Größen aus. Auch der Materialverbrauch muß berechnet werden. Steht eine Nähmaschine zur Verfügung? Wenn das nicht der Fall ist, muß die Arbeit an der Maschine als Hausaufgabe erledigt werden. Die Teilnehmer sollten auch zu jeder Zusammenkunft Wollgarn zum Wickeln von Wollpüppchen mitbringen.

Beispiel für die Arbeitseinteilung in einem Elternkurs (zehn Zusammenkünfte)

Theoretischer Teil: 1 Stunde	*Praktischer Teil: 2 Stunden*
1. Einleitung	Wolle, Kardätschen, geknotete Puppen.

2. Stoffpuppen	Puppe im Sackkleid oder im festsitzenden Anzug: Nähen d. Körpers, Wenden, Ausstopfen.
3. Das Kleinkind	Der Kopf. Zusammennähen. Haar, Hände, Füße, Mütze.
4. Die Gebärde (1–2 J.)	Anziehpuppe. Aufzeichnen des Musters, Nähen von Körpern und Armen, Ausstopfen.
5. Die Sprache (3–4 J.)	Der Kopf.
6. Der Gedanke (5–6 J.)	Zusammennähen. Füße, Gesicht, Kräuselfältchen.
7. Das Schulkind	Das Haar.
8. Alles ist fix und fertig – nun spiel' mal schön!	Die Puppe fertignähen. Kleider.
9. Das Kind, das nicht spielen kann	Wer schon fertig ist, macht eine Puppe im Sackkleid oder festsitzenden Anzug bzw. eine aus Wolle gewickelte Puppe.
10. Wiederholung und Auswertung des Kurses	Waschanleitung, Pflege, Reparaturen. Gewöhnliche Fehler. Wer fertig ist, macht Püppchen für die Puppenstube oder Marionetten.

Will man die Zahl der Zusammenkünfte auf *sieben* beschränken, muß man den Stoff dementsprechend konzentrieren – zum Beispiel so:

Theoretischer Teil: *1 Unterrichtsstunde*	*Praktischer Teil:* *2 Unterrichtsstunden*
1. Einleitung, Stoffpuppen Über die Wolle	In erster Linie werden Knotenpuppen und die Anziehpuppe angefertigt. Wer Lust hat, kann nebenbei auch eine Puppe im Sackkleid oder festsitzenden Anzug machen.
2. Das Kleinkind Die Gebärde	
3. Die Sprache	
4. Der Gedanke	
5. Das Schulkind	
6. Alles ist fix und fertig – nun spiel mal schön!	
7. Das Kind, das nicht spielen kann; Wiederholung	

Hier sollen nur *Anregungen* zur Gestaltung des theoretischen Teils gegeben werden. Der Eigeninitiative sind keine Grenzen gesetzt! Die Teilnehmer sollen möglichst mit eigenen Fragen und Erfahrungen zur

Diskussion beitragen. Der praktische Teil ist in seinen Arbeitsschritten genauso aufgebaut wie Teil 2 des Buches (Wie man Stoffpuppen macht).

Wenn die Gruppe klein ist, kann jeder Teilnehmer individuell arbeiten, was Tempo und Puppenmodell anbelangt. Handelt es sich um eine größere Gruppe, ist es bedeutend einfacher für den Kursleiter, der ja den Materialverbrauch berechnen muß, wenn alle ungefähr das gleiche Arbeitstempo halten. Diejenigen, die schnell fertig sind, können den Langsameren mit Rat und Tat beistehen.

Erste Zusammenkunft

Einleitung

- Die Teilnehmer machen sich miteinander und mit dem Inhalt und Material des Kurses bekannt.
- Gemeinsames Durchlesen der Einleitung des Buches und des Abschnitts über die Wolle.
- Man betrachtet auch die Photographien, die die verschiedenen Puppenmodelle illustrieren.
- Diskussion über die Aufteilung der Arbeitsmomente und Planen der Materialeinkäufe.
- Wer erinnert sich an ein besonders geliebtes Spielzeug aus der eigenen Kindheit? Wie sah es aus?
- Wie muß die Situation beschaffen sein, die Kindern die optimale Möglichkeit zum Spiel bietet? Diskussion!
- Gibt es auch Beispiele dafür, daß ein Kind ohne Spielzeug die Zeit ausfüllen und sich sozusagen «mit nichts» beschäftigen kann? Was spielte es bei der Gelegenheit?
- Es macht Spaß, beim ersten Treffen das Kardätschen der Wolle zu probieren, auch wenn man später nicht alle Puppen damit ausstopfen will. Vielleicht gibt es die Möglichkeit, Karden und etwas gewaschene ungezupfte Wolle zu leihen!

Zweite Zusammenkunft

Abschnitt ‹Stoffpuppen›

- Leihen Sie sich «Das Große Puppenbuch» von M. Bachmann und

C. Hansmann, Leipzig 1971, aus, oder blättern Sie in einem anderen Buch, das von alten Puppen handelt.

- Bringen Sie schöne alte Puppen aus Großmutters Zeiten mit, wenn Sie welche haben!
- Sie können auch Stoffpuppen verschiedener Art zur Anschauung mitbringen und mit den Photos in diesem Buch vergleichen. Beschreiben Sie eine Stoffpuppe und erklären Sie, was für ihr Aussehen typisch ist.
- Ist es übertrieben zu behaupten, daß Plattenspieler, Radio und Fernsehen unsere Lieder- und Märchenstunden im Familienkreis fast völlig verdrängt haben?

Dritte Zusammenkunft

Abschnitt ‹Das Kleinkind›

- Machen Sie ein Experiment: Schauen Sie mit weitgeöffneten Augen einen gedachten Punkt in der Luft des Raumes an. Sie sehen dabei also nichts an! Im Hintergrund nehmen Sie vielleicht ein Fenster, einen Schrank oder eine Lampe undeutlich wahr. Versuchen Sie nicht zu begreifen, was Sie da sehen! Sie sind jetzt ein Baby und wissen nichts über Ihre Umgebung. Sind Sie satt oder verspüren Sie Hunger? Drücken Ihre Kleider irgendwo? Was für einen Eindruck vermitteln Ihnen die Farben des Zimmers? Drücken Sie Ihre Gefühle in Worten aus, aber nicht mit den Wörtern von Erwachsenen!
- Brauchen sehr kleine Kinder schon Spielsachen; wenn ja, weshalb?
- Was muß man beachten, um die Umgebung des Kindes im Krabbelalter richtig und sicher zu gestalten?

Vierte Zusammenkunft

Abschnitt ‹Die Gebärde› (Alter v. 1–2 J.)

- Richten sich Kleinkinder wirklich nicht nach unseren Ermahnungen, sondern danach, was für ein Vorbild wir ihnen sind? Wie können wir uns zu Hause und im Kindergarten zusammen mit den Kindern praktisch und sinnvoll beschäftigen?

- Wer Kinderzeichnungen aufgehoben hat, bringt jedesmal welche mit – dieses Mal also solche, die von Kindern im Alter von 1–2 J. stammen.
- Bringen Sie ein paar Stücke Pappe in den Grundfarben rot, blau und gelb mit. Halten Sie sie gegen neutral grauen oder weißen Hintergrund und schauen Sie intensiv auf die *Farbe* (nicht die Struktur der Pappe!) an der Kante.
  Nach einer Weile erscheint an der Kante auf dem Hintergrund die Komplementärfarbe zu der jeweiligen Farbe.
- Erinnern Sie sich an die Tapeten Ihrer Kindheit? Haben Sie das Tapetenmuster selbst noch am deutlichsten vor Augen – oder die Stellen, wo die Tapete abgerissen oder beschädigt war?
- Hat ein Kind, das durch die Abendlieder mit den Sternen vertraut ist und sie liebgewonnen hat, Angst vor der Dunkelheit?
- Wie können wir Großstadtkindern die Natur nahebringen?
- Wir drücken uns oft völlig bildlos aus. Wir sagen zum Beispiel: «Der Berg war *sehr* hoch.» Wie hoch war er eigentlich? Kinder verstehen uns besser, wenn wir sagen: «Der Berg war so hoch, daß nicht einmal ein Riese darüber hinwegsteigen konnte», oder: «Der Berg war so hoch wie drei Bäume übereinander!» Suchen Sie weitere Beispiele!

Fünfte Zusammenkunft

Abschnitt ‹Die Sprache› (Alter v. 3–4 J.)

- Können Sie einen Kleinkinderreim auswendig? Wie lernt man am besten Reime, wenn die Zeit knapp ist? Wenn man spült, auf den Bus wartet, abends nicht einschlafen kann?
- Spielen Jungen und Mädchen auf verschiedene Art und Weise mit Puppen?
- Spielen Väter anders mit ihren Kindern als Mütter?
- Was tun, wenn Andreas nicht mit seinem schönen Holzpferdchen spielen will, sondern nur mit dem Raumschiff, das er von der Tante bekam?
- Betrachten Sie gemeinsam Zeichnungen von Kindern in diesem Alter, besonders sog. Kopffüßler. Aus solchen Bildern ist ersicht-

lich, wie viel, oder besser gesagt, wie wenig das Kind über den menschlichen Körper Bescheid weiß. Ist es nicht ein wenig verfrüht, dem Kind z. B. detailgetreue Abbildungen der Anatomie des Menschen in die Hand zu geben?

- Stellen Sie sich vor, Sie kommen in eine fremde Stadt. Sie beherrschen die Landessprache nur ungenügend. Sie befinden sich im Hotel und sollen von dortaus lernen, sich in der Stadt, in der Sie lange Zeit wohnen werden, zurechtzufinden.
  Wie stellen Sie das an? Vermutlich fahren Sie nicht als erstes zum anderen Ende der Stadt, sondern machen sich zuerst mit der nächsten Nachbarschaft vertraut, um sicher wieder nach Hause zu finden. Diskussion!

Sechste Zusammenkunft

Abschnitt ‹Der Gedanke› (Alter v. 5–6 J.)

- Warum sollten Kinder in diesem Alter noch nicht lesen lernen?
- Selbst wenn das Kind in diesem Alter schon sein Vorstellungsvermögen entwickelt hat, ist der Unterschied groß zwischen dem Denken von Kindern und Erwachsenen. Wissen Sie noch, wie Sie selbst als Kind dachten und räsonnierten? Konnte es vorkommen, daß Sie einen Erwachsenen mißverstanden?
- Sehen Sie sich Kinderzeichnungen an. In diesem Alter beginnt das Kind, Menschen im Profil abzubilden.
- Was ist eine Karikatur? Ist Donald Duck eine?
- Besprechen Sie, wie man ein Puppenhaus ganz mit Selbstgemachtem möblieren könnte!
- Können auch wir Erwachsenen von Gegenständen und Menschen in unserer Nähe so geprägt werden, daß wir ihnen ähnlich werden? Ist es z. B. wahr, daß Ehegatten, die ein ganzes Leben miteinander verbracht haben, sich schließlich sogar im Aussehen ähneln?

Siebte Zusammenkunft

Abschnitt ‹Das Schulkind›

- Haben auch Sie in diesem Alter leidenschaftlich gesammelt?

Warum entwickeln Kinder solch brennendes Interesse für gewisse Dinge?
- Weshalb befolgen Kinder so genau die Regeln, die sie für ihre Spiele aufstellen?
- Sehen Sie sich an, wie Schulkinder Menschen in ihren Zeichnungen wiedergeben. Können Sie etwas Schablonenartiges, eine gewisse Manier darin entdecken? Ist die Perspektive darauf richtig wiedergegeben?
- Erinnern Sie sich daran, wie (ob) Sie selbst aufhörten, mit Puppen zu spielen. Was hatten Sie dabei für Gefühle?
- Kann ein Verbot, Kriegsspielzeug zu verkaufen, die Einstellung der Kinder dazu verändern, auch wenn die Erwachsenen weiterhin Waffen benutzen oder Kriegsvorbereitungen treffen? Diskussion!
- Pflegen Sie selbst irgendwelche Traditionen und feiern alljährlich wiederkehrende Feste, auf die die Kinder sich freuen und die für sie Bedeutung haben (bzw. auf die Kinder sich freuen und die für sie Bedeutung haben könnten)?

Achte Zusammenkunft

Abschnitt ‹Alles ist fix und fertig – nun spiel' mal schön!›
- Das Wort Spiel bedeutet ursprünglich Tanz, also lebhafte Bewegung. Kann man es auch Spiel nennen, wenn man in einem Buch oder in einem Legespiel alle gleichfarbigen und gleichgemusterten Dreiecke oder alle grünen Quadrate heraussuchen soll?
- Wenn Sie diesem Arbeitsplan Punkt für Punkt folgen, befinden Sie sich in einer Situation, die mit der des Kindes verglichen werden kann, das ein pädagogisches Spielzeug bekommen hat. Der Zweck des Spielzeugs ist, daß das Kind auf eine vorausbestimmte Art und Weise damit spielt. Der Zweck des Arbeitsplans ist, daß Sie schon formulierte Fragen miteinander diskutieren. Wenn Sie lieber etwas anderes besprechen wollen – tun Sie's!
- Was für pädagogisches Spielzeug kennen Sie? Gibt es auch unpädagogisches Spielzeug?
- Warum wollen manche Kinder ständig neue kleine Autos haben?
- Spielt Sophie Staubsaugen, weil sie plötzlich eingesehen hat, wie

anstrengend es für ihre armen Eltern ist, die Wohnung sauberzuhalten?

- Wie stellen Sie sich ein Spielwarengeschäft mit gutem Angebot vor?
- Gehen Sie in alle Spielwarengeschäfte, an denen Sie vorbeikommen, und fragen Sie nach Material für kreatives Spiel wie z. B. große Bogen Papier, dicke Wachsfarbstifte, breite Wachsfarbblöcke, dicke Pinsel, Bienenwachs zum Kneten, Ton, billiger Stoff in klaren Farben, Bauklötze, richtiges Werkzeug, leere Dosen, Peddigrohr, Bast, Schnur, Leder- und Pelzreste! Vergleichen Sie die Resultate Ihrer Nachforschungen.

Neunte Zusammenkunft

Abschnitt ‹Das Kind, das nicht spielen kann›

- Kennen Sie auch ein Kind, das an Konrad oder Niko erinnert?
- Wie erreichen wir ohne ständiges Ermahnen, daß die Spiele unserer Kinder in die richtigen Bahnen gelenkt werden?
- Was halten Sie von dem folgenden Zitat Rudolf Steiners: «Jede Erziehung ist Selbsterziehung, und wir sind eigentlich als Lehrer und Erzieher nur die Umgebung des sich selbst erziehenden Kindes.»*
- Werden Kindergärtnerinnen heute in Selbsterziehung geschult? Wird sie bei der ständigen Weiterbildung in den Kindergärten berücksichtigt?
- Ist Ihnen einmal besonders aufgefallen, daß Ihre Beschäftigung Kinder zum Spiel inspiriert hat?
- Weshalb werden Kinder im Kinderzimmer und im Kindergarten unter Verwahrung gehalten – Plätzen also, die eigens zu diesem Zweck eingerichtet sind? So wie ich meinen Nähkorb mit ins Kinderzimmer nehmen kann, so könnten die Kindergärtnerinnen auch ihre eigenen Sachen im Kindergarten in Ordnung bringen; und sollte nicht eigentlich jeder Kindergarten an einen richtigen Arbeitsplatz geknüpft sein?
- Ein Teilnehmer kann aus dem Buch ‹Bildsprache der Märchen› von Friedel Lenz ein Kapitel lesen und referieren.

* R. Steiner: Die pädagogische Praxis vom Gesichtspunkte geisteswissenschaftlicher Menschenerkenntnis. 6. Vortrag. GA 306.

Zehnte Zusammenkunft

Wiederholung und Auswertung des Kurses

- Zur Wiederholung: Wie spielen Kinder in verschiedenem Alter?
- Stellen Sie eine Serie von Kinderzeichnungen zusammen, auf denen Menschen jeden Alters dargestellt sind. Das Kind gibt durch seine Bilder Anweisungen, wie einfach die Puppen sein sollen, die es braucht. Der Kreis = die aus einem Tuch geknotete Puppe. Der Kopffüßler = die geknotete Puppe in gediegener Ausführung oder Puppe im Sackkleid. Mensch mit stark betonten Beinen: Puppe im festsitzenden Anzug etc.
- Machen Sie eine kleine Ausstellung aller Puppen, die Sie während des Kurses gefertigt haben. Tauschen Sie Ideen zu Kleidern, Frisuren usw. untereinander aus.
- Wie unterscheidet sich eine Stoffpuppe von einer Plastikpuppe? Gibt es außer den im Buch erwähnten Unterschieden noch andere? Diskussion.
- Werten Sie den Kurs aus! Gesichtspunkte nimmt dankbar entgegen: Karin Neuschütz, Gurlitavägen 5, 16151 Bromma, Schweden.

Literatur

Frans Carlgren / Arne Klingborg: Erziehung zur Freiheit. Die Pädagogik Rudolf Steiners. Bilder und Berichte aus der internationalen Waldorfschulbewegung. Stuttgart ^{4}1981.

Freya Jaffke: Spielzeug von Eltern selbstgemacht (Arbeitsmaterial aus den Waldorfkindergärten, Heft 1). Stuttgart ^{11}1981.

–: Puppenspiel (Arbeitsmaterial 7). Stuttgart 1981.

Kleine Märchen und Geschichten zum Erzählen und für Puppenspiele (Arbeitsmaterial 5). Stuttgart ^{4}1981.

Friedel Lenz: Bildsprache der Märchen. Stuttgart ^{4}1980.

Frits Wilmar: Wie wirken Radio und Fernsehen auf Kinder? Stuttgart ^{2}1974.

Christoph Lindenberg: Waldorfschulen. Angstfrei lernen, selbstbewußt handeln. Reinbek 1975.

Manfred Bachmann und Claus Hansmann: Das Große Puppenbuch. Leipzig 1971.

Karl König: Die ersten drei Jahre des Kindes. Stuttgart ^{6}1981.

Udo Renzenbrink: Ernährung unserer Kinder. Stuttgart ^{4}1981.

Von der Würde des Kindes. Heft 7/8 1979 der Zeitschrift «Erziehungskunst» (Stuttgart).

Anregungen zum Erzählen in Schule und Haus. Sonderdruck aus der Zeitschrift «Die Menschenschule» (Basel), Nr. 7, 8, 9; 1970.

Michaela Strauß: Von der Zeichensprache des kleinen Kindes. Stuttgart ^{2}1978.

Rudolf Meyer: Rudolf Steiner. Anthroposophie: Herausforderung im 20. Jahrhundert. Stuttgart ^{4}1978.

Johannes Hemleben: Rudolf Steiner. Reinbek 1977.

Walter Kugler: Rudolf Steiner und die Anthroposophie. Wege zu einem neuen Menschenbild. Köln 1978.

Rudolf Steiner: Die Philosophie der Freiheit. Dornach 1978, GA-Nr. 4.

–: Theosophie. Einführung in übersinnliche Welterkenntnis und Menschenbestimmung. Dornach 1978, GA-Nr. 9.

–: Die Erziehung des Kindes vom Gesichtspunkt der Geisteswissenschaft. Dornach 1978, GA-Nr. 34.

–: Die pädagogische Praxis vom Gesichtspunkt geisteswissenschaftlicher Menschenerkenntnis. Acht Vorträge. Dornach 1923 (1975), GA-Nr. 306.